Elchjagd mit dem Ruf

Baltische Jagderinnerungen des Malers Alexander von Fersen mit 85 Bildern des Künstlers

Herausgegeben mit einer Einführung von Hubertus Neuschäffer

BLV

CIP-Titelaufnahme der Deutschen Bibliothek

Fersen, Alexander von:
Elchjagd mit dem Ruf: baltische Jagderinnerungen
des Malers Alexander von Fersen /
hrsg. mit e. Einf. von Hubertus Neuschäffer. –
München; Wien; Zürich: BLV, 1990
ISBN 3-405-14071-4
NE: HST

BLV Verlagsgesellschaft mbH
München Wien Zürich
8000 München 40

Einbandgestaltung: Hubert Patscheider Design, Augsburg
Zeichnungen und Einbandzeichnung:
Alexander Baron von Fersen

Lektorat: Gerhard Seilmeier
Herstellung: Sylvia Hoffmann

Satz: Filmsatz Schröter GmbH, München
Druck und Bindung: May + Co., Darmstadt

Printed in Germany · ISBN 3-405-14071-4

Inhalt

Vorwort

Mit den vorliegenden Aufzeichnungen, jagdlichen und naturkundlichen Inhalts, die, in wundervoller Weise geschrieben und gemalt, die Tierwelt und die Landschaft des Ostseeraumes widerspiegeln – im besonderen der baltischen und skandinavischen Länder –, wird der Öffentlichkeit ein Buch vorgelegt, das von einer Welt zeugt, die einerseits vergangen ist, andererseits in die Zukunft weist.

»Stirb und Werde« ist das Gesetz der Natur. Einfühlungsvermögen verlangt die Darstellung. Diese ist durch Alexander Baron von Fersen geschehen, einem Grandseigner des Ostseeraums, eines großen Europäers.

Möge dieses Buch eine Erinnerung an einen Balten sein, der ein großes Kunstwerk hinterlassen hat.

Dieser begnadete Maler hat aber nicht nur zahlreiche Zeichnungen, Aquarelle und Ölbilder hinterlassen, sondern auch vielerlei Aufsätze. Er hat Erinnerungen zu Papier gebracht, Schilderungen jagdlicher Erlebnisse wiedergeben, die zugleich tief empfundene Tier- und Landschaftsschilderungen darstellen. Insofern zeigt sich gleichermaßen der Künstler in seinen Schriften.

Dem Neffen, Georg Baron von Fersen, der Nachlaßverwalter und Besitzer des Archivs Alexander von Fersens ist, und der heute das gutsbesitzliche Erbe der Familie im Baltikum angetreten hätte, sei herzlichst gedankt für die zur Verfügungstellung des Materials, ebenfalls für anregende Gespräche. Gleichermaßen die Anregungen des Jägers und Jagdschriftstellers Friedrich Wilhelm Baron von Buchholtz seien mit Dank erwähnt.

Hubertus Neuschäffer

Willaringen

Einführung

Das Baltikum hat eine wechselvolle Geschichte hinter sich: Siebenhundert Jahre haben Deutsche dem Lande ihren Stempel aufgedrückt. Deutscher Ritterorden, dann polnische, schwedische Oberhoheit, und schließlich seit 1721 unter russischer Herrschaft stehend: das sind die groben historischen Raster der drei baltischen Provinzen Liv-, Est- und Kurland bis zum Jahre 1918.

Die Zeit der deutschen über Jahrhunderte tradierten ritterschaftlichen Selbstverwaltung in den Ostseeprovinzen endete 1918. Es entstanden die drei baltischen Staaten Estland und Lettland sowie Litauen – das freilich eine andere historische Vergangenheit hat –, in denen die Esten, Letten bzw. die Litauer die politische und gesellschaftliche Führung übernommen hatten. 1940 wurden die drei baltischen Staaten von der Sowjetunion annektiert und derselben gewaltsam als Republiken angegliedert. 1941 bis 1944 war das Baltikum von deutschen Truppen besetzt und in dieser Zeit abhängig von einer zahlenmäßig nicht sehr starken deutschen Zivilverwaltung. Seit 1944 existieren die Länder wiederum als sowjetische Republiken, Estland, Lettland sowie Litauen, die bis heute zum Staatsverband der UdSSR gehören, doch in jüngster Zeit mehr und mehr um ihre Unabhängigkeit ringen. Das hat auch bewirkt, daß das Baltikum wieder als Jagdland für westliche Besucher eine Rolle zu spielen beginnt.

Die Deutschbalten in den einstigen Ostseeprovinzen Est-, Liv- und Kurland, die sich einst schlichtweg nur als Balten bezeichneten, haben nahezu alle 1939, soweit sie nicht nach den großen Agrarreformen und der Güterenteignung unmittelbar nach 1918 das Land verlassen hatten, aufgrund des Hitler-Stalin Paktes ihrer Heimat endgültig den Rücken kehren müssen. Ein Volksstamm, der siebenhundert Jahre dort gelebt hat, wurde umgesiedelt.

Die russische Zeit – das 18. und 19. Jahrhundert geprägt durch das nationale Erwachen der Esten und Letten und eines starken russischen Nationalismus – ließen das Baltikum zu einem Brennpunkt west- und osteuropäischer kultureller Begegnung werden, der in allerjüngster Zeit wieder entfacht ist.

Vor diesem skizzierten Hintergrund sind auch die Jagderinnerungen von Alexander Baron von Fersen zu betrachten.

Alexander von Fersen, von seinen Freunden X genannt, war solch ein ›repräsentativer Balte‹. Ferner war er ein vornehmer, schlichter Grandseigneur. Ein Freund, ein Herr von Waldenburg, beschreibt in einem späten Brief an den Neffen des Malers, eine erste Begegnung, als Alexander von Fersen achtunddreißig Jahre alt war und soeben das Baltikum im Jahre 1918 hatte verlassen müssen, vom Kriege gezeichnet, folgendermaßen: »Vor mir stand ein etwa 1,80 Meter großer schlanker Mann mit einem grauen Jägerhütchen, einfacher Jacke und grauen Wildlederhosen bekleidet. Er war schlank: sein Gesicht von Falten durchzogen, hager, blaß mit einer schmalen, stark gekrümmten Nase und nicht sehr großen, hellgrau-blauen Augen. Er war mir sympathisch auf den ersten Blick. Seinen baltischen Dialekt mochte ich gern, sowenig er auch zunächstmal zu hören war.

Fersen war ein stiller Mann und auch ich traute mich nicht recht an ihn heran. Dieser Unglückliche, sagte ich mir, hat seine Heimat verloren: ein so furchtbares Schicksal, wie ich es mir schlimmer nicht vorstellen kann.«

Alexander von Fersen wurde am 2. April 1884 in Riga als Sohn des Gutsbesitzers Gottlieb Alexander Baron von Fersen geboren. Nach seiner Schulzeit in Riga, dann seiner Studienzeit in Jena und München übernahm er eines der väterlichen Güter, Koiküll, in Livland.

Im Ersten Weltkrieg war Fersen Soldat im Heere und im Dienste des russischen Zaren, wie viele Balten. Bei allem Bewußtsein des Deutschtums, der Zugehörigkeit zu deutscher Kultur, wie sie Jahrhunderte in den Familien gepflegt wurde, war man doch zugleich dem Zaren treu und loyal ergeben. So gibt es zahlreiche Beispiele, daß baltische Männer für das Zarenreich im Ersten Weltkrieg gefallen sind, auf der gegnerischen deutschen Seite nicht selten ihren Vettern gegenüber. Fersen diente freiwillig von 1918 bis 1920 in der Baltischen Landeswehr gegen den Einfall der Bolschewisten.

Nach der Revolution, schließlich nach der Gründung der estnischen und lettischen Staaten mit radikalen Landreformen, Enteignung der Güter, verließ Fersen im Jahre 1918, jeglicher Grundlage für die Zukunft beraubt, das Baltikum. Er begab sich nach Deutschland wie viele andere Balten.

Fersen lebte in kommender Zeit zumeist in Berlin. Er nahm schließlich noch am Zweiten Weltkrieg teil, als Dolmetscher in der deutschen Wehrmacht. So kam er noch einmal in das alte östliche Land, das seine Heimat und seine Wiege bedeutete.

Von links: Alexander Baron von Fersen, Erich von Sivers, Ralf Graf Lambsdorff.

Nach dem Kriege lebte er kurze Zeit in Wustrau bei Neuruppin und gelangte schließlich nach Säckingen bei Baden-Baden. Seit dem Jahre 1962 lebte er mit Unterbrechungen in dem baltischen Altersheim Barsinghausen, wo er im Jahre 1978 verstarb.

Alexander Baron von Fersen ist Verfasser zahlreicher Beiträge, die in verschiedenen bekannten deutschen Jagdzeitschriften erschienen. Er illustrierte diese, aber auch für andere Zeitschriften lieferte er Beiträge.

Seine eigenen fachlich treffenden und naturschildernden Arbeiten finden sich verstreut in den renommierten Jagdzeitschriften Deutschlands.

Aber keineswegs sind alle Arbeiten veröffentlicht, es gibt einen reichhaltigen Nachlaß, nicht zuletzt auch Aufzeichnungen über das Baltikum, desgleichen über seine Kindheit und Jugend und eine kultur- und wirtschaftsgeschichtliche bemerkenswerte Studie über den heimatlichen Familienbesitz, das Gut Schwarzhof, in Livland.

Doch sein Malertalent war das Hervorragendste an X Fersen und Malen war seine künstlerische Hauptbeschäftigung. Er erhielt Anleitung bei Prof. V. Purvitis, sonst war er weitgehend Autodidakt. In großem Maße war er, nach eigenem Bekunden, von dem schwedischen Jagd- und Tiermaler Bruno Liljefors (1816–1939) beeinflußt worden.

Alexander Baron Fersen hat vornehmlich Jagd- und Tierbilder in Öl, dann Aquarelle und Zeichnungen hinterlassen. In realistischer und einfühlsamer Weise geben sie die wildlebende Tierwelt Nordosteuropas wieder, wie sie in der Landschaft im Ostseeraum gelebt haben und leben.

Einfühlsam und realistisch zu gleichen Teilen verraten die Bilder den Jäger, Naturkenner und Tierfreund. Ein großer Teil dieser Bilder ist verkauft worden, ein großer Teil, der Zeichnungen vor allem, befindet sich in Skizzenbüchern und Entwürfen im Nachlaß der Familie.

Fersen zeichnete und machte Skizzen nicht zuletzt im Berliner Zoo und im Sommer auf der kurischen Nehrung im nördlichen Ostpreußen, das heute ebenfalls zur Sowjetunion gehört.

Er hatte eine einmalige Begabung, die nordische Tierwelt, im besonderen Maße Elche, Auer- und Birkwild, Wildenten, Schneehasen und auch den selten gewordenen Luchs, in ihrer typischen Bewegung in der typischen Landschaft wiederzugeben.

Fersens Bilder sind in einzelnen Gruppenausstellungen, etwa in Berlin auf der großen internationalen Jagdausstellung im Jahre 1937, ausgestellt worden. Auch nach dem Kriege haben in Düsseldorf, Mainz und in Lübeck gleichfalls Ausstellungen stattgefunden. In mehreren Jagdbüchern sind seine Illustrationen zu finden.

Alexander Baron von Fersen schildert eine untergegangene Welt. Der leise trauernde und wehmütige Ton dieses Künstlers durchweht alle seine Schriften und seine Bilder. Dennoch wäre es ein Irrtum sie allein vor dieser historisch bedingten Kulisse zu betrachten. Gleichsam ist es die Natur des Nordens, die seine Bilder und Naturschilderungen durchzieht, der nordischen Tierwelt und der Landschaft, als Pendant zu den Menschen, wie sie uns in der nordöstlichen Literatur begegnen. Auch die Musik birgt diesen Grundton.

Paul von Hansen, selbst Maler und Balte, schrieb: »X. Fersen war ein Mensch von einmaliger Prägung, der in seiner Bescheidenheit von seinem großen Talent nicht viel Aufhebens gemacht hat, ein Mensch mit besonderer Ausstrahlungskraft, die in seinen lebendigen Bildern zum Ausdruck kam.«

Das Schicksal dieses Balten ist ein typisches Schicksal des 20. Jahrhunderts wie es östlich der Elbe allenthalben und nur allzuoft zu verzeichnen ist. Doch über allem steht die Kunst, der Künstler, die Einbettung in die Natur, der sich Fersen ganz ergeben hatte als Teil derselben, wie es immer wieder aus seinen Aufzeichnungen hervorgeht.

Hubertus Neuschäffer

Wild- und Jagdarten im Baltikum

Im Baltikum kamen vielfach gänzlich andere Wildarten vor, als sie der deutsche Durchschnittsjäger zu bejagen Gelegenheit hat. Rot-, Dam- und Schwarzwild fehlten in seiner Wildbahn ursprünglich vollkommen. Es gab wohl einige Güter, wo Rot- und Damwild gehalten wurden, während Schwarzwild auch in den Gattern fehlte. Da kam es natürlich vor, daß einzelne Stücke ausbrachen und dann, oft weit von ihrem eigentlichen Standort, zufällig erlegt wurden.

Damwild wurde Anfang der 1890er Jahre in Livland auf einem großen Waldgut in freie Wildbahn ausgesetzt. Es hielt sich aber nicht lange, die Vermehrung war schwach, Raubwild und Wilddiebe zehnteten es bald und so schlug dieser Versuch gänzlich fehl – das Wild verschwand wieder vollkommen.

Schwarzwild wechselte dazwischen von Polen hinein, doch waren das immer nur Einzelgänger oder versprengte einzelne Stücke, die zur Begründung von Standwild nicht in Frage kamen und zumeist bald einer Kugel zum Opfer fielen. Erst im Jahre 1898 setzten in Kurland zwei passionierte Gutsbesitzer, Baron Fred von Buchholtz-Gartzen und dann Wilhelm von Koskull-Tergeln in ihren Revieren Rot- und Schwarzwild aus. Die Stücke wurden teils aus Deutschland, teils aus Polen bezogen, erst in Gattern gehalten und dann in die freie Wildbahn entlassen. Mit den angrenzenden Jagdnachbarn war vereinbart worden, daß die ersten drei Jahre jeder Abschuß zu unterbleiben habe und erst nach Ablauf dieser Frist wurden einzelne Stücke freigegeben. Diese Vereinbarung bewirkte, daß sich sowohl Rot- als auch Schwarzwild stark vermehrte und im Laufe von zwanzig Jahren schon ganz Kurland besiedelt war. Denn durch viele Weichhölzer, wie Espe, Weide, Erle, Linde fand das Rotwild auch in strengen, schneereichen Wintern immer genügend Nahrung, wobei andererseits alle schwachen Stücke ausgemerzt wurden und so sich eine gesunde und harte Rasse entwickeln konnte.

Die Hirsche setzten kapitale Geweihe auf, sowohl in Stärke und Wucht von Stangen und Auslage, als auch in der Endenzahl. Im Jahre

1919 wurde ein Hirsch von sechsundzwanzig Enden geschossen, der sich durch seine armdicken Stangen, die becherförmig endenden Kronen und die weite, schön geschwungene Auslage mit den stärksten Rekordhirschen auf der internationalen Jagdausstellung in Berlin im Jahre 1937 messen konnte. Leider ist dies kapitale Geweih, wie so vieles andere, ein Opfer des Krieges geworden.

Auch an Gewicht war das kurländische Rotwild sehr stark und stand dem starken Karpatenwild nicht nach. Das Schwarzwild hatte sich erst gut vermehrt und auch Nordkurland bevölkert, zog sich aber dann mehr nach Süden und an die Küste zurück, wo es nicht dieselbe Verbreitung fand wie das Rotwild, das im Jahre 1939 bereits die Düna überschritten und Livland erreicht hatte.

Es scheint, daß die Sauen doch zu sehr von der Möglichkeit des Brechens im Boden abhängig sind und daß Schnee, Frost und Winter dadurch der weiteren Verbreitung nach Norden ein Ende bereiten. Wirkliche Ur-Keiler sind im Laufe der Jahre in Kurland geschossen worden, Stücke von fünf Zentnern und mehr, mit kapitalen Gewehren. Jedenfalls war Rot- und Schwarzwild bis kurz vor dem Zweiten Weltkrieg Standwild im Baltikum geworden und viele deutsche Jäger haben noch nach Lettland Jagdfahrten unternommen und sind teilweise mit kapitalen Trophäen heimgekehrt.

Bis zum Jahre 1905 hatte das Baltikum, insbesondere Liv- und Estland, einen sehr starken Elchbestand. Jagden, auf denen zwanzig und mehr Stücke Elchwild an einem Tage vorkamen, waren nicht selten und ich selbst habe es auf meiner ersten Elchjagd, die ich auf dem Gute Menzen in Livland im Jahre 1904 mitmachte und auf der ich auch meinen ersten Elch schoß, erlebt, daß die Treiber an dem Tage achtundvierzig Stück Elchwild vor die Schützen brachten. Das Elchwild wurde fast nur auf herbstlichen und winterlichen Treibjagden geschossen, sonst gelegentlich auf Rehwildjagden, wo die Hunde zufällig auf Elche stießen und diese dann anjagten.

Die Jagd mit dem Ruf während der Brunftzeit war im ganzen unbekannt und ich kenne nur ein großes Gut in der Gegend des

Peipussees, wo diese Jagd vom passionierten Forstmeister, Baron E. von Engelhardt, ausgeübt wurde. Allerdings standen ihm dort ganz selten reiche Elchbestände in den riesigen Bruchwäldern der dortigen Sumpfgegenden zur Verfügung.

Im Gegensatz zum Baltikum, wurde der Elchhirsch in Rußland und insbesondere in Polen (Gouvernement Minsk, Naliboki) während der Brunft häufig und mit gutem Erfolg mit dem Ruf bejagt.

Leider ließ die Geweihbildung der Hirsche im Baltikum viel zu wünschen übrig. Wuchtige Schaufler kamen selten vor – die Mehrzahl der Hirsche trugen Stangengeweihe oder solche mit schwachem Schaufelansatz und alte Gabler oder Spießer waren eine häufige Erscheinung. Es lag wohl in erster Linie am kurischen Jagdgesetz, das den Abschuß von Kahlwild überhaupt verbot, wodurch weibliches Wild in starker Überzahl vorhanden war.

Das Revolutionsjahr 1905/06 zehntete den guten Elchstand so stark, daß viele Reviere von den wildernden Banden der Letten und Esten vollkommen ausgeschossen waren. Die Zeit bis zum Ersten Weltkriege war zu kurz, um diese Lücken wieder aufzufüllen, obwohl sich Elchwild relativ stark vermehrt, da ältere Tiere fast immer zwei Kälber setzen und Elche, außer dem Menschen, kaum einen Feind hatten. Denn strenge Winter und viel Schnee konnten diesem harten Wilde nichts anhaben und die Elch-Rachenbremse, die in ostpreußischen Revieren soviele Opfer forderte, war im Baltikum so gut wie unbekannt. Leider ist der Elch, insbesondere bei Schnee, sehr leicht zu wildern, da sich die starken Fährten mühelos ausgehen lassen und der Elch, bei gutem Winde, auch leicht auf Schußweite anzupirschen ist.

Das stärkste Elchrudel, das ich gesehen habe, bestand aus einundzwanzig Stücken. Leider fand diese Begegnung im Februar statt, die Stücke hatten abgeworfen, doch waren sie an ihren dichten Bärten und massigen Formen auch so noch sehr gut erkennbar.

Wölfe wechselten im Winter immer wieder vereinzelt ein, wurden aber nicht geschossen. Ich erinnere mich noch, daß im Jahre 1895 in Schwarzhof eine Wolfsjagd stattfand, die allerdings resultatlos verlief, da der eingewechselte Wolf das Treiben an einem Saume ungeschossen verlassen konnte. Im Sommer 1904 erlegte ein Forsteleve, Herr von Glasenapp, im ritterschaftlichen Forst Wiezemhof einen starken Wolf, der ihm unverhofft auf die Blatte sprang. Im Winter 1912 schoß Forstmeister Baron Engelhardt einen Wolf auf dem Gute Serbigall, dicht an der Grenze meines Gutes Koiküll.

Gesetzt haben Wölfe im Baltikum wohl nur in den seltensten Fällen. Im Spätsommer 1926, als mein Freund Dr. U. von Transehe und ich eine Faltbootfahrt in die Gegend des großen Lubahnschen Sees an die Grenze des Witebskischen Gouvernement machten, hörten wir abends ein Rudel Wölfe sich zusammenheulen.

Luchse kamen dagegen öfter vor, besonders in Nord-Estland und an der russischen Grenze, wo sie auch alljährlich lebten. Einzelne Stücke wechselten auch weit ins Land hinein und wurden dann bisweilen zufällig auf Hasen- oder Elchjagden geschossen. Im Jahre 1910 schoß ein Förster auf dem Gut Annenhof im Treiben mit einem Schrotschuß zwei Jungluchse, die dicht nebeneinander stehend, das grobe Schrot in Hals und Kopf erhalten hatten.

Im östlichen und nördlichen Estland war der Bär noch seltenes Standwild und wurde von einzelnen Gutsbesitzern streng geschont. In Livland wurde der letzte Bär im Jahre 1897 geschossen, während er in Kurland nicht mehr vorkam.

Das Rehwild wanderte aus Süden über Ostpreußen und Litauen ins Baltikum ein, besiedelte erst Kurland, dann Livland, um von dort vor dem ersten Weltkriege bereits im Norden über Estland bis ins Petersburgische Gouvernement vorzudringen. Mein Vater erzählte mir noch, wie im Winter 1883 die erste Ricke im Schwarzhofschen Revier eingewechselt war, die dann natürlich eingekreist und geschossen wurde. Die alten Jäger waren über das Erscheinen dieses neuen Wildes sehr wenig erbaut, da die Rehe auf den so beliebten Hasenjagden die Hunde weit fortführten und die ganze Jagd auf Fuchs und Hase dadurch verdarben. Die Rehe wurden daher überall mit Schrot totgeschossen, um diese »Stinkziegen« womöglich wieder ganz auszurotten.

Ihre Ausbreitung und Einbürgerung konnte aber trotzdem nicht verhindert werden. Erst in den 1890er Jahren kam die Pirschjagd auf Böcke auf, die dann auch nach deutschem Muster nur mit der Büchse ausgeübt wurde. Die Blattjagd fand erst noch später ihren Eingang – ich habe sie erst im Jahre 1906 kennengelernt und dabei einen elenden Spießer geschossen.

An Wildpret war das baltische Reh sehr stark und die Böcke trugen zum Teil ganz kapitale Gehörne, besonders, was die Höhe der Stangen und die Länge der Sprossen anbelangt. Die längsten Stangen von 31,5 cm, die ich gesehen habe, trug ein livländischer Bock, der in der Dünagegend auf dem Gute Römershof geschossen worden war. Mein

selbsterlegter bester Bock aus Schwarzhof hatte Stangen von 29,5 und 30 cm Länge. Die Perlen der Gehörne waren aber im Durchschnitt lange nicht so stark und knuffig, wie man sie vielfach in Pommern und Mecklenburg fand, obwohl es auch viele gute geperlte Gehörne gab. Gabler kamen äußerst selten vor, die normalen Böcke schoben nach dem Kitzbockspießergehörn fast immer eine schwache Sechserkrone, was bei einem gesunden, kräftigen Rehschlag wohl auch das normale zu sein scheint.

Alles schwache oder irgendwie kümmernde Wild wurde durch die oft harten Winter ausgemerzt, wodurch eine gesunde Auslese stattfand und die Rasse hart und widerstandsfähig wurde.

Hier will ich eine Beobachtung einschalten, die vielleicht manches ›zur Hege mit der Büchse‹ beitragen kann. Kurland, als südlichste Provinz des Baltikums, wurde als erste vom Rehwild besiedelt. Ich sah erst auf Gütern ganz kapitale Gehörne, die aus dieser Zeit der Besiedlung stammten, als das Rehwild zahlenmäßig noch gering war. Mit zunehmender Vermehrung gingen die Gehörne überall zurück und nur in einzelnen, besonders günstigen Revieren kamen auch wirklich gute Gehörne vor. Ich habe in Kurland Sammlungen von vielen hundert Gehörnen gesehen, in denen keine einzige wirklich starke Krone zu finden war. Genau dasselbe spielte sich dann auch in Livland und Estland ab.

In Schwarzhof hingen etwa fünfzehn Gehörne der ersten dort erbeuteten Böcke, die zumeist von Buschwächtern mit Schrot geschossen worden waren. Es waren dies alle kapitale Stücke, stark in den Stangen, hoch vereckt, ideal in Auslage und Form. Obwohl Schwarzhof auch bis zuletzt noch sehr gute Gehörne hervorbrachte, reichten diese doch nicht mehr an die ersten erlegten Böcke heran – der Wildstand war zu groß geworden. Denn je stärker der Wildstand wurde, um so mehr gingen die Gehörne zurück und es gab auch schon in Livland Reviere, in denen es wohl sehr viel Rehwild, aber nicht einen einzigen wirklich guten Bock mehr gab. Während des Ersten Weltkrieges wurde dann das Rehwild in Livland von Truppen und Wildererbanden stärkstens zusammengeschossen und siehe da, in den folgenden Jahren, als Ruhe eingetreten war, wurden wieder überall selten gute Gehörne erbeutet. Die Güte der Gehörne scheint also sehr abhängig vom zahlenmäßigen Besatz zu sein.

Korkenziehergehörne habe ich bei uns nie gesehen, auch andere Abnormitäten kamen, im Gegensatz zu deutschen Gehörnen, kaum vor. Dafür schoben die Böcke öfters mehr als sechs Enden, so daß Achtender und auch Zehnender vorkamen. Ich selbst habe in einem

Sommer unter elf erlegten Böcken zwei regelmäßige Achter geschossen und in meiner persönlichen Gehörnsammlung von dreiundneunzig Böcken, fünf Achter und einen ungeraden Zehnender an der Wand hängen gehabt. Unter Krankheiten, wie Leberegel, Rachenbremsen u.a. litt das baltische Rehwild nicht, nur andauernde starke Kälte dezimierte den Bestand. Ich habe beobachtet, daß Rehwild Kälte von bis zu 20 Minusgrad nur kurze Zeit vertragen kann. Hält die Temperatur länger als acht bis zehn Tage an, so erfrieren die Rehe, die Fettreserven werden aufgebraucht und trotz guter Fütterung auch bei günstigem Schnee, gehen die Rehe kurzerhand ein.

Merkwürdigerweise findet man unter den erfrorenen Rehen fast immer mehr Böcke als Ricken. Alte Buschwächter behaupten, daß den Böcken beim Nässen die Pinsel zufrören und sie dann durch Platzen der Blase eingehen. Ob das wahr ist, kann ich nicht sagen, da ich leider Untersuchungen in dieser Hinsicht unterlassen habe.

Im Gegensatz zu Livland und Estland, wo laut russischem Jagdgesetz der Abschuß von weiblichem Rehwild vollkommen verboten war, durften Ricken und Kitze in Kurland im Winter geschossen werden, während dort die Böcke überhaupt keine Schonzeit hatten. Auf großen winterlichen Waldjagden wurden in Kurland dementsprechend auf dreißig bis vierzig Rehe an einem Tage mit Schrot geschossen, wahllos Ricken, Kitze und abgeworfene Böcke. Ich habe einmal ein solches »Schlachtfest« mitmachen müssen – hatte aber daran ein für alle Male genug.

Das Rehwild des Baltikums war ausgesprochen Waldbewußt. Feldrehe, wie in vielen Gegenden Deutschlands, kannte man dort nicht, denn auch im Sommer standen die Rehe nur ausnahmsweise im Getreide, am meisten noch während der Brunft. Der Durchschnittsbock wog bei uns aufgebrochen fünfzig bis fünfundfünfzig deutsche Pfund, doch waren Gewichte von sechzig Pfund und mehr, auch keine Seltenheit. Den stärksten Bock, von dem ich gehört habe, soll dreiundachtzig Pfund gewogen haben und wurde ausgerechnet von einem bekannten deutschen Jäger und Jagdschriftsteller geschossen.

Der Fuchs kam überall vor, wenn auch im ganzen weniger häufig als in Deutschland. Bejagt wurde er auf Treibjagd, mit Bracken und im Winter bei Spurschnee durch Einkreisen und Einlappen. Kein anderes Wild, ausgenommen der Wolf, respektiert Lappen so gut wie der Fuchs. Ich habe am Abend eingelappte Füchse, bei Mondschein, bis zum nächsten Morgen in der Lappstatt halten können und sie dann noch geschossen.

Wo Fasane im Revier waren, wechselten immer wieder Füchse ein – so habe ich in meiner ›wilden‹ Fasanerie im Winter 1910/11 durch Einlappen persönlich sechzehn Füchse erlegt, und fünf bis sechs wurden doch noch vom Jagdpersonal geschossen. Im Gegensatz zu den sonst üblichen ›Lappenschnüren‹ bestanden meine Lappen aus kleinen roten Fähnchen, die an kurzen Stöcken befestigt waren und dann aufrecht in den Schnee gesteckt werden konnten. Man hatte es dann selbst in der Hand in Dickungen die Lappen dichter zu stellen, und in Wiesen sie weitläufiger zu setzen, auch fiel damit das oft schwierige Anbringen an Stämmen von Bäumen oder Sträuchern fort, wodurch viel Zeit gewonnen wird. Auch das oft unvermeidliche Verwickeln der Schnüre tritt nicht ein und der Transport der Fähnchen in Tragsäcken ist ebenso leicht wie die sonst üblichen Rollen.

Bei Neuschnee mußten meine Buschwächter jeden Morgen sofort spüren. Telefonisch wurde dann das Resultat mitgeteilt, worauf ich in kürzester Zeit in einem Schlitten mit den Lappen zur Stelle war und der eingekreiste Fuchs eingelappt und getrieben werden konnte. In der Lappstatt wurde eine Lücke von etwa 100 Meter, wenn irgend möglich auf einen schon bekannten Fuchswechsel offengelassen, indem ich mich in die Mitte anstellte, so daß ich auf jeder Seite fünfzig Meter Schußfeld hatte. Meist ging der zuständige Buschwächter zusammen mit meinem passionierten Kutscher, pfeifend, sich räuspernd und leise an die Bäume klopfend die Lappstatt durch und in den meisten Fällen erschien der Fuchs schon beim ersten Durchge-

hen in der Lücke. Nur in großen, zusammenhängenden Dickungen, wo wenig Schußfeld war, habe ich mich in die ringsrum eingeschlossene Lappstatt gestellt. Dann flüchtete der Fuchs auch noch für kurze Zeit in den Lappen umher, stieß hier auf die roten Fähnchen, prallte wieder zurück, versuchte den Ausbruch an anderer Stelle, kehrte wieder um, bis er mich anlief und erlegt werden konnte.

Auch Jungfüchse wurden hin und wieder gegraben, doch schätzte ich diesen Kindermord nicht sonderlich und sparte das Wild lieber für die Jagden im Winter auf. Tellereisen und besonders Gift wurden so gut wie nie angewandt.

Hasen wurden ebenfalls ausschließlich vor Bracken oder in Waldtreiben erlegt. Feldtreiben und Kesseljagden kannten wir nicht, da der Bestand an Hasen für diese Jagdarten zu gering war und der Schneehase nur im Walde lag. Aber auch der graue Hase bevorzugte im Gegensatz etwa zu den Hasen in Holstein den Wald, womit nicht gesagt sein soll, daß der graue Hase nicht ebenfalls im Felde lag, besonders zur Zeit des herbstlichen Blätterfalls und an Regentagen.

Die alten Brackenjäger hatten ihre bestimmten Regeln und Erfahrungen, nach denen sie ihre Hunde entweder im Walde oder im Felde loskoppelten und suchen ließen, um einen Hasen zu heben. Aber auch diese Regeln und Erfahrungen trafen nicht immer zu und so war es eine viel umstrittene und doch nie gelöste Frage, wo der Hase bei jeweiliger Witterung wohl liegen möge und am besten zu suchen sei.

Ein alter Brackenjäger soll auf seinem Totenbett, nachdem ihm der Pastor das Abendmahl gereicht und ihn nach seinem letzten Wunsche gefragt hatte, gesagt haben: »Herr Pastor, ich sterbe gläubig und ruhig, nur eines hätte ich noch gerne gewußt: wo liegt der Hase bei Tau- und wo bei Frostwetter.«

Der Schnee- oder Waldhase trägt im Sommer einen bräunlichgrauen, etwas ins violette schimmernden Pelz, während er im Winter schneeweiß ist, bis auf die schwarzen Löffelspitzen. Zur Zeit des Verfärbens im Oktober sind die Hasen oft auf dem Rücken noch braun, während der Bauch und Läufe schon weiß sind. Diese Schneefärbung sticht dann bei noch schneelosem Boden so sehr in die Augen, daß man die Hasen im Treiben schon von weitem erkennen kann.

Ich erinnere mich an eine Waldjagd Mitte November, auf der in einem Waldtreiben zweiundzwanzig Schneehasen geschossen wurden. Die armen Hasen waren schon vollkommen verfärbt, während der Boden noch schneefrei war und huschten nun wie kleine weiße Gespenster umher – ein Witz der Natur.

Zwischen Feld- und Waldhasen kamen auch bisweilen Kreuzungen vor, die in ihrer Färbung sehr verschieden sein konnten, wie auch im Gewicht die Mitte zwischen zehn Pfund des grauen Hasen und sieben bis neun Pfund des Schneehasens hielten. Ich schoß einmal im Winter einen Bastard, der wie ein Foxterrier gezeichnet war, das heißt bei weißer Grundfarbe auf dem Rücken einen braunen Sattel und am Kopf um die Lichter braune Flecken trug. Ein anderer, von mir erlegter Kreuzungshase, hatte am ganzen Körper eine weiße Unterwolle, während die Spitzen zu den Grannenhaaren blau-grau gefärbt waren, so daß der Hase ganz bläulich aussah. Mein Freund, Graf Mellin-Lappin, auf dessen Jagd ich den Hasen schoß, ließ aus dem Pelz einen Muff für seine Frau machen und selbst Pelzkenner rieten, was das für ein Pelz gewesen sei.

Das Wildkaninchen kam im Baltikum nicht vor. Einzelne Jagdbesitzer machten wohl den Versuch dies Wild einzubürgern, doch schlugen sie alle fehl, da die Winter zu hart waren und durch den Tauschnee im Frühjahr die Baue überschwemmt wurden, so daß die Karnickel ersoffen.

Der Dachs war relativ häufig und wurde beim Graben oder Sprengen erlegt, spielte als Wild aber kaum eine Rolle, nur in Fasanenrevieren wurde ihm intensiv nachgestellt, da er ein böser Eierräuber ist.

Fischotter, Edelmarder, Iltis, großes und kleines Wiesel kamen überall vor, wenn auch nicht häufig, während der Steinmarder gänzlich fehlte.

Ein seltener Bewohner der großen Moore, mit ihren Teichen und versumpften Bächen, war noch der europäische Nerz, der von unkundigen leicht mit dem Iltis verwechselt wurde. Mir sagte einmal ein alter Jude, der vom Förster, Buschwächtern und Bauern die Raubzeugpelze aufzukaufen pflegte, daß er alljährlich eine Anzahl Nerzfelle als Iltisfelle erstehe, die natürlich im Preise das zehnfache des von ihm für Iltisfelle bezahlten Preises wert waren.

Auerwild wurde überall streng gehegt und auf die Erhaltung der altbekannten Balzplätze legte man viel Wert. Jedes Holzfällen dort war verpönt, es wurden Kieshaufen zum Hudern ausgefahren und aufgeschüttet und in der Balzzeit durften Unberufene nicht den Wald betreten. Früher wurde junges Auerwild auch noch dazwischen vor dem Hunde geschossen, doch hörte diese Bejagung dann im Interesse der Balzjagd ganz auf. So gab es Güter, auf denen in einem Frühling vierzig bis fünfzig Hähne ohne den Bestand zu gefährden, abgeschossen werden konnten und ich kenne einzelne Morgenstrecken von sechs Hähnen durch einen Jäger. Der Auerhahn wurde fast ausschließlich mit Schrot geschossen, was in der Dämmerung auch bestimmt das Richtige war, zumal die Schußentfernung nie groß war und ein gutdeckendes Gewehr den Hahn sicher zur Strecke brachte.

Weiter verbreitet war Birkwild, das alle Moore, feuchten Buschniederungen und Laubholz bestandenen Heuschlegel und Waldränder bewohnte. Hier gab es auch Balzen von vierzig bis fünfzig und mehr Hähnen. Die ganze Gegend schien zu zittern, wenn im Frühling die Morgenbalz richtig in Gange war und das ›Rollen‹ der Hähne weithin zu hören war. Außer auf der Balz wurde viel Birkwild auf der Suche vor dem Hunde geschossen, was eine der reizendsten Jagden ist. Im Winter schlägt sich das Birkwild zu großen, meist nach Geschlechtern getrennten, Flügen zusammen. Da konnte man Flüge von achtzig bis hundert Hähnen sehen, die dann in den Wipfeln der Birken, Erlen und Espen die Blattknospen ästen. Mit einem leichten Schlitten wurden die Hähne dann angefahren und erlegt. Auch wurden aus schwarzem Stoff nachgebildete Birkhähne an langen Stangen in die Bäume gestellt, während der Schütze in einem Schirm das Einfallen des Birkwildes erwartete, das von einem Gehilfen hochgemacht und dann in die Richtung des Schützen gedrängt wurde.

In allen Waldgebieten, besonders in solchen, die mit Laubholz, vorwiegend Espen und Weißerlen durchsetzt waren und dichte Fichtenschonungen aufwiesen, kam Haselwild überall häufig vor. Es wurde vorwiegend auf Treibjagden und hin und wieder auch mehr zufällig vor dem Hunde geschossen. Sehr verbreitet war das Erlegen der Hähne im Herbst und Frühling auf die Locke. Hierzu wurden kleine Lockpfeifen verwandt, die aus Hasenoberarmknochen oder den Flügelröhrknochen von Gans, Hühnerhabicht oder Kolkrabe hergestellt wurden und auf denen der harte Pfiff des Haselhahns oder der Ruf der Henne nachgeahmt wurde. Die Hähne antworteten dann bald auf diesen Pfiff, strichen heran und konnten dann am Boden oder vom Baum erlegt werden. Der Schuß auf streichendes Haselwild im Treiben im Walde galt mit Recht als sehr schwer und erforderte Schnelligkeit, Gewandtheit und gutes Schießen. Im Verhältnis zum häufigen Vorkommen dieses Wildes, war der Abschuß im allgemeinen sehr gering und doch nahm das reizende Wildhuhn mit den Jahren mehr ab als zu, ohne daß ein triftiger Grund dazu vorhanden war.

Auf den Gras- und Hochmooren, besonders in Livland und Estland, war auch das Moorschneehuhn nicht selten, doch auch dies Wild nahm stark ab, obwohl der Abschuß gering war und in keinem Verhältnis zum Vorkommen stand. Die Entwässerung der Moore mochte an diesem Verschwinden auch schuld gehabt haben, da dem Huhn dadurch die nötige Nahrungsquelle in Gestalt der Blattknospen von Zwergbirke und Zwergweide und die Kraus- und Krähenbeeren auch entzogen wurden. Vorwiegend wurde dies Huhn auf der Suche vor dem Hunde geschossen und hin und wieder auch im Treiben, während die Balzjagd streng verpönt war, da das Schneehuhn in monogamer Ehe lebte.

Auf einer kleinen winterlichen Treibjagd bei mir auf meinem Gut Koiküll in Livland, kamen einmal in einem Treiben Birkwild, Schneehühner, Haselwild und Fasanen vor die Schützen und lagen auch nachher auf der bunten Strecke.

Die Schlagwachtel war selten. Wohl hörte man im Sommer ihren Ruf in großen Weizen- und Roggenfeldern, eine systematische Bejagung kam nicht in Frage und nur gelegentlich wurden einige Stücke im Herbst auf der Rebhühnersuche geschossen.

Da Auer- und Birkwild überall vorkamen, fand man auch das Rakelhuhn als Kreuzungsprodukt dieser beiden Wildhuhnarten in einzelnen Exemplaren. Ich selbst habe nur einmal ein geschossenes Stück

in den Händen gehabt, ohne aber je ein solches Huhn in freier Wildbahn gesehen, geschweige denn geschossen zu haben. Indessen sind Rakelhennen oft sehr schwer von Birkhennen zu unterscheiden, da sie sich nur durch den längeren Unterstoß von diesen erkennen lassen und sie mögen daher öfter unbekannt als Birkwild in den Kochtopf gewandert sein.

Die Waldschnepfe brütete überall und der Frühlingsstrich war demzufolge hervorragend gut. Zwanzig bis dreißig ziehende Schnepfen konnte man an einem Abend zu Gesicht bekommen und Strecken eines Schützen von fünf, sieben und mehr Schnepfen an einem Frühlingsabend sind öfters vorgekommen. Ein Bekannter von mir, Dr. L. schoß eines Abends sogar neun Schnepfen.

Ich habe die Waldschnepfe viel lieber auf herbstlichen Treibjagden vor dem Hunde geschossen, da es mir immer wieder leid tat die erst ankommenden Vögel in ihrer Heimat totzuschießen.

Die Doppelschnepfe war bis in die 1890er Jahre ein häufiges Wild, das überall auf feuchten Wiesen, Viehweiden und Grasmooren zu finden war. Ihre Anzahl hat aber so abgenommen, daß sie schon zu meiner Zeit nicht mehr häufig war. Wodurch diese Abnahme bewirkt wurde, ist eigentlich unerklärlich, da dies Wild auch in Rußland, wo keinerlei Entwässerungen oder starke Einbrüche in die Natur erfolgten zusehenst abnahm. Trotzdem habe ich noch viel auf diese Schnepfen gejagt.

Während des Herbstzuges, Mitte August, fielen oft große Flüge dieser Vögel auf nassen Viehweiden ein, wo dann mit einem guten Hunde reiche Strecken gemacht werden konnten. So schoß ich einmal auf der Rebhuhnsuche auf einer kleinen Wiese sechsundzwanzig Schnepfen und ein anderes Mal erlegten mein Bruder Edward und ich im Laufe von etwa eineinhalb Stunden dreiundfünfzig Stück.

Der Schuß auf die aufstehende Schnepfe ist leicht und im Herbst sind die Vögel oft so fett, daß ihre Brust beim Aufschlagen auf hartem Boden platzt. In früheren Zeiten wurden diese Schnepfen auch auf ihren Balzplätzen geschossen, was aber mehr ein schweinemäßiger Massenmord als Jagd war.

Die Doppelschnepfe pflegt, im Gegensatz zu ihren anderen Verwandten, am Boden zu balzen und zwar auf nassen Viehweiden und Wiesen. Hier versammelten sich die Vögel in den Abend- und Morgendämmerungen in größerer Anzahl. Die Hähne stolzieren mit hochgestelltem, gefächerten Stoß den Stecher senkrecht an die Brust gesperrt und schleifenden Schwingen zwischen den Hennen umher und lassen dabei ein wispernd, schwatzendes Gezwitscher hören. Aus einem Schirm war es dann natürlich ein leichtes mit einem Schuß mehrere Schnepfen zu erlegen, wobei natürlich sowohl Hähne als auch Hennen diesem Mord zum Opfer fielen. Ich habe aus Interesse mehrmals solche Schnepfenbalz besucht und die Vögel vom Schirm aus beobachtet. Man kann sich kaum etwas niedlicheres vorstellen als diese Vogelgestalten, die wie kleine Gnome in der Dämmerung durcheinander huschen und ihr wisperndes Geflüster hören lassen.

Ein häufiges und überall brütendes Wild war die Bekassine. Ihr lautes Balzgezeter gehört zum Vogelkonzert des erwachenden Frühlings, insbesondere zu den Stimmen, die charakteristisch für die Birkhahnbalz sind. Der Schuß auf die ausgewachsene Bekassine gehört auch mit Recht zu den schwersten, doch spielt hier die Übung eine große Rolle. Die so häufig zur Zeit der sommerlichen Entenjagden geschossenen und dann stolz vorgezeigten Bekassinen, waren meist junge Vögel, auf die der Schuß ebenso leicht war, wie auf ein aufstehendes Rebhuhn oder eine sich schwerfällig erhebende Doppelschnepfe. Erst das Treffen auf die schnellen flüchtigen Herbstbekassinen, die noch dazu vom Winde hin und her geworfen sind, zeigt den Meister. Wie eine Rakete schwirrt dann die Schnepfe hoch, hakt und zicktzackt nach rechts und links und wirbelt dann, sich hin und her werfend, in schräger Richtung hoch.

Der sicherste und leichteste Schuß ist der Schuß sofort nach dem Aufstehen, der allerdings große Schnelligkeit erfordert. Ich habe diese

Schnepfen von jeher mit ganz besonderer Leidenschaft bejagt und auf Reb- und Birkhuhnjagd liegen lassen, wenn die Gelegenheit da war auf Bekassine zum Schuß zu kommen. Um Mitte Dezember setzte bei uns der Durchzug, der Herbstzug aus dem Norden ein. Da fand man auf manchen Wiesen plötzlich eine Menge dieser Schnepfen, die sich aber meist nur einige Tage aufhielten und dann wieder verschwanden.

Unter den Wildenten war die Stock- oder Märzente die häufigste, damals gab es kaum ein Gewässer, das sie nicht bewohnte. Die großen Seen des Landes wie zum Beispiel der Peipussee, der Wietzemsee bei Dorpat, der Babisee bei Riga, der Angersche See in Nordkurland und der Lubanische See in Ostlivland, mit ihren riesigen Schilf- und Rohrwäldern, waren Entendorados, die man selbst kennengelernt haben mußte, um sich von der Menge der dort vorkommenden Enten und anderen Wasservögel einen Begriff zu machen. Krickenten waren auch häufig, die Knäkente seltener. Weiter kamen Löffel-, Spieß- und Pfeifenten vor und von Tauchenten Tafel-, Reiher-, Moor-, Berg- und Schellenten, teils brütend teils auf dem Zuge.

An den Küsten fand man im Winter Tausende von Eisenten und andere Meerenten wie Trauer- und Eiderente.

Der Höckerschwan hat im Baltikum nur einige Jahre auf dem Angerschen See gebrütet und kam auch sonst nur selten vor. Um so häufiger war als Durchzügler der Singschwan und an den Küsten siedelte auch der nordische Zwergschwan.

Die Graugans brütete nur an ganz vereinzelten Stellen, während Saatgänse das Gros der Durchzügler darstellten, denen sich noch Bless-, Ringel- und Nonnengänse anschlossen.

Der graue Kranich war häufig und brütete wohl auf allen Mooren. Graureiher und Schwarzstörche horsteten in den Wäldern und die große Rohrdommel war in allen größeren Gewässern zu finden.

Das Rebhuhn war auch überall ansässig, doch wechselte der Bestand sehr stark. Nach harten, schneereichen langen Wintern schmolzen die Bestände stark zusammen, während es in guten Hühnerjahren überall stark vertreten war und Tagesstrecken von fünfzig Hühnern oft möglich waren. Oft kam eine Menge starker Ketten in den Winter und hielten sich auch gut bis Ende Januar und in den Februar hinein. Voller Hoffnung sah man als Heger das Wild an und freute sich über den starken Besatz zum Frühjahr. Aber da konnten zwei Schneetage mit großem Frost oft die ganzen Erwartungen zu Schande machen. Denn die Hühner ließen sich dann einschneien, aber auf der Schneedecke bildete sich eine feste Eisschicht und die Hühner verhungerten in ihrem unfreiwilligen Grab.

Der Fasan ist erst um die Jahrhundertwende im Baltikum eingebürgert worden, hat aber nie die starke Verbreitung und Vermehrung wie zum Beispiel in Schlesien oder sonst in Deutschland gefunden. Er konnte die schneereichen Winter auch bei guter Pflege und Fütterung überstehen, obgleich er dann strenge Kälte sehr gut vertragen kann. Es gab aber Güter, auf denen auf Treibjagden in einer wilden Fasanerie bis 250 Hähne und mehr geschossen wurden.

Viel höhere Strecken ergaben natürlich künstliche Fasanerien, wo die Eier von Puten erbrütet und als Jungvögel dann aufgezogen wurden. Außer dem englischen Jagdfasan fand man den ringlosen Torquatus Fasan, auch den dunkelvioletten mongolischen Fasan und den hellgefiederten chinesischen Ringfasan. Sogar der prächtige Königsfasan war an einzelnen zahmen Fasanerien vorhanden, doch war die Zucht dieser Vögel mehr eine Liebhaberei der einzelnen Jagdbesitzer.

Auch mit amerikanischen Bronzeputen sind Einbürgerungsversuche gemacht worden, die aber im ganzen mißlangen, obwohl sich dies Wild in einigen Revieren auch jahrelang gehalten hat und auch auf Jagden geschossen wurde.

See- und Steinadler horsteten noch in einzelnen Paaren und wurden in den letzten Jahren von verständisvollen Revierinhabern streng geschont. Im Frühling 1914 sah ich auf einem Reviergang auf einer Lichtung eine Anzahl von Krähen sitzen, die bei meiner Annäherung abstrichen. Plötzlich erhob sich vom Boden ein Steinadler und schraubte sich langsam hoch. Herantretend fand ich die Überreste eines vom Adler geschlagenen Fuchses. Nur Balgfetzen, der Kopf und die Läufe zeigten noch, welches Drama sich dort abgespielt hatte und daß der Adler nicht nur Nutzwild, sondern auch Raubwild schlägt und so auch Nutzen stiftet.

Durchziehende Adler sah man im Winter und Frühling öfters und es wurden auch immer wieder Adler besonders am Luder geschossen oder gefangen. Auf dem Gute Peddeln des Herrn von Saenger wurde ein Steinadler in einem Habichthorst lebend gefangen, in den er sich nur mühsam hineingezwängt hatte, um die lebende Locktaube zu schlagen. Fischadler, Schell- und Schreiadler horsteten teilweise häufig, während der Schlangenadler selten war.

Wanderfalken waren häufig. Sie horsteten fast auf allen Hochmooren, im Gegensatz zu Deutschland und dem übrigen Westen, fast stets am Boden. Baum- und Turmfalke waren häufig, der kleine Merlin selten. Der Habicht horstete überall in ihm zusagenden Revieren, ebenso der Sperber. Auch Mäuse- und Wespenbussard kamen viel vor, während der Rauhfußbussard nur auf dem Durchzuge und im Winter anzutreffen war.

Der Uhu war nicht selten, auch er brütete fast nur am Boden, am liebsten im trockenen alten Kiefernwalde, am Stamm eines starken Baumes. Waldkauze, Wald- und Sumpfeule fand man überall, während Rauhfußkauz und Sperlingseule seltene Brutvögel waren. Auch die schöne große Habichtseule war nicht selten, deren tiefe Stimme oft auf der Auerhahnbalz zu hören war. Als Durchzügler besuchten uns Sperber und Schneeule während der Bartkauz meines Wissens nur einmal in Livland erlegt wurde.

Von den Weihen war die Rohrweihe die häufigste neben Korn-, Wiesen- und Steppenweihe. Der Schwarzmilan brütete in der Nähe größerer Gewässer, während ich den Rotmilan nur einmal in Livland in Koiküll gesehen habe, der als Brutvogel nördlich der Düna nicht mehr vorkam. Außer dem hier aufgezählten Nutz- und Raubwild gab es noch eine Fülle an Wasser- und Sumpfvögel, die aber jagdlich uninteressant waren und mehr für Sammler und Ornithologen in Frage kamen.

Wenn die Wildgans ruft...

Kaum ein zweiter Zugvogel kann durch sein Erscheinen und insbesondere durch seine Rufe so freudig, aber auch so niederdrückend auf mich und sicher auch auf viele andere Menschen einwirken, wie die Wildgans. Vielleicht noch den Kranich, den ich nennen möchte, denn auch sein Erscheinen und seine metallischen Rufe wirken gleichartig auf uns arme, trotz aller Flugmaschinen erdgebundene Menschen.

Wenn der plötzlich einsetzende Südwind die Phalanxe der Wildgänse hoch am lichtblauen Frühlingshimmel erscheinen läßt und sie mit hellem, freudigen Rufen das Ende der grauen Wintertage und das Nahen des Lichts, der Sonne und das neue Erwachen alles Lebendigen begrüßen, zieht wohl in jedem von uns, die wir noch ein Auge und Verständnis für Natur und Schöpfungsgröße gerettet haben, ein Gefühl der Freude und Erwartung ein. Ohne längere Ruhepausen und Unterbrechungen streben dann die Gänse ihrer nordischen Heimat und ihren Brutplätzen zu.

Daher ist die Jagd auf Zuggänse im Herbst auch viel aussichtsreicher als im Frühling, da die Reise in südliche Breiten um vieles langsamer vor sich geht und oft abhängig von der jeweiligen Witterung ist. Sie wird dann auch durch ausgiebige Nahrungssuche und längeres Rasten oft unterbrochen.

Ich habe zwar die Jagd auf Gänse auch im Frühling ausgeübt, eine im Herbst geschossene Gans war mir aber immer unvergleichlich lieber. Frühlingsgänse sind durch die karge Winteräsung um vieles leichter, als die fetten Herbstgänse und die Jagd auf alle Frühlings-Zugvögel hat mir immer etwas hinterhältig und unehrlich geschienen, sei es auf Gänse, Enten und insbesondere auf die Waldschnepfe.

Die Vögel streben dann, gehetzt von ihren Urtrieben, der Heimat zu, überwinden unter Lebensgefahr und schweren Anstrengungen Meere, Gebirge, Unwetter und Verfolgungen und sind sie dann glücklich am Ziel ihrer Sehnsucht angelangt, so erwartet sie dort auch wieder der Tod. Dies soll beileibe nicht heißen, daß die Frühlingsjagd verboten sein sollte – nein, gerade der Schnepfenstreich bietet so viel wirklich innerliches Erleben, daß er aus unseren Jagderlebnissen gar nicht wegzudenken wäre.

Leider wird aber unter dem Vorwand ›Frühlingserlebens‹ oft nur Beutemacherei und Schießfreude bemäntelt und verdeckt. Zwei, oder drei Frühlingsschnepfen dürften jedem Jäger vollauf genügen und sind, auf die ganze Strichzeit verteilt, auch jedem als ›Frühlingszauber‹ zu gönnen. Wie oft erlebt man es aber, daß sich Jäger damit brüsten in einer Strichzeit zehn und mehr Schnepfen geschossen zu haben, womöglich gleich mehrere an einem Abend, was besonders im Osten unseres Landes durchaus möglich war. Wie viele Jäger versuchen jeden Strichabend auszunutzen, um möglichst viele Schnepfen zu erlegen, ganz zu schweigen von den früher üblichen Massenstrekken auf Frühlingstreibjagden, wie sie, besonders in Mecklenburg und Rügen, Sitte waren. Man kann das Erwachen der Natur auch ohne Beute tief und echt genießen, ohne jeden Abend zu Schuß kommen zu müssen.

Aber kehren wir zu den Gänsen zurück!

Am Südende des großen, meinem elterlichen Gutshof im Baltikum vorgelagerten See, begann ein ausgedehntes Moor, das, immer breiter werdend, sich durch das Gebiet von drei aneinander grenzenden, großen Gütern erstreckte. Erst zog es sich als schmale Niederung zwischen anliegenden Waldungen hin, bestanden mit einzelnen Kiefern, Birken, Espen und Erlen. Allmählich verschwand dann das Laubholz und an Stelle hoher Stämme traten Krüppelkiefer mit immer niedriger werdendem Wuchs, bis zuletzt das sich weit ausbreitende Hochmoor völlig baumlos wurde. Im Winter lag dann das Moor als riesige, sich bis zum fernen Horizont erstreckende, weiße Fläche da, auf der sich nur zwei verschilfte, rohrbestandene, kleine Sumpfseen als dunklere Flecken abhoben. Kriechweiden und Zwergbirken waren zuletzt die einzigen Baumpflanzen, die dort wuchsen und Kranichbeeren, gelbe, aromatische Schellbeeren, Sonnentau und Froschkraut bildeten eine dichte Bodendecke. Die Ufer der verschilften Wasserlöcher waren im Sommer bedeckt mit gelben Mummeln, weißen Seerosen und leuchtenden Kallablüten. Außer Moorschneehühnern, Baumpiepern, einigen Paaren Raubwürgern und Polartauchern brütete dort kein Vogel, denn Kraniche, Birkwild und der, dort stets am Boden horstende Wanderfalk, bevorzugten die Randgebiete dieser weiten, baumlosen Fläche.

Dies große Moor war ein beliebter und alljährlich immer wieder aufgesuchter Rastplatz, sowohl für durchziehende Kraniche, als insbesondere für Wildgänse. Erstere erschienen, sowohl im Frühling, als

auch im Herbst, zeitlich immer vor den Gänsen und blieben nie lange. Die ersten Gänse kamen etwa zwei Wochen später. Erst einzelne, kleine Flüge, die von Tag zu Tag aber zahlreicher wurden, bis zuletzt riesige Scharen von 60 bis 800 Gänsen im Moor zur Nachtruhe einfielen. Es waren dies fast ausschließlich Saatgänse, doch nahm die Zahl der auch vorkommenden Blässgänse damals schon zusehends zu. Graugänse habe ich nur ganz vereinzelt gesehen und eine solche dort nie geschossen. Die Gänse fielen mit Vorliebe rund um die zwei kleinen Moorseen ein, teils auf den Wasserflächen, teils auf dem deckungslosen Moor, wo sie durch gute Fernsicht geschützt waren und sich daher völlig sicher fühlten.

Zwischen den See hatte ich mir aus gelbem Herbstrohr und hohen Binsen unauffällige und gut getarnte Ansatzlöcher gebaut, in denen man zwar eng, aber doch trocken sitzen konnte und guten Ausblick und Schußmöglichkeiten nach allen Seiten hatte. Am erfolgreichsten war immer der Abendansitz, wenn die Gänse, nach der Nahrungssuche tagsüber auf den frischen Herbstsaaten oder Stoppelfeldern, im

Moor zur Nachtruhe einfielen. Die vielen Schoofe kamen dann einzeln angestrichen, oft in längeren Zwischenpausen. Sie kreisten erst über dem Gelände hin und her, ehe sie, gegen den Wind, zu Boden gingen. Dadurch kam man öfter zu Schuß, als wenn sie, wie das morgens fast stets der Fall war, in riesigen, geschlossenen Geschwadern, nach langem Rufen, Gegacker und Geschrei, mehr oder weniger alle zu gleicher Zeit aufstanden, sehr schnell die nötige Höhe erreichten und ungefährdet ihren Nahrungsplätzen zustreichen konnten.

Da die Gänse auf dem deckungslosen Moor jede Veränderung sofort wahrnahmen, mußte man die Ansitzlöcher schon zeitig vorher bauen, die dann umschichtig besetzt werden konnten. Es war gut seinen Platz schon frühzeitig zu beziehen, denn oft schon bei vollem Tageslicht kamen einzelne Gänse angestrichen, kreisten in gewisser Höhe umher und erkundeten somit das Gelände. Man durfte auch nie auf diese Kundschafter schießen, da die übrigen Gänse sofort gewarnt wurden und man dann umsonst auf den Anflug der großen Flüge wartete.

Das Moor war schwer zu erreichen. Man konnte höchstens mit einem federlosen Ackerwagen oder einer »baltischen Brettdroschke« bis auf etwa zwei Kilometer heranfahren. Dann hörte jeder befahrbare

Weg auf, und es kam nur ein Fußmarsch in Frage, der in der Dunkelheit oft mehr als beschwerlich war.

An einem klaren Oktobertag hatte ich mich bereits am Nachmittag in eines meiner Ansitzlöcher angesetzt. Außer einem größeren Flug Stock- und einigen Reiherenten, die auf den kleinen, blanken Wasserflächen der beiden Moorteiche lagen, war nichts Lebendes zu sehen. Aber das änderte sich bald. Als sich die Sonne immer mehr dem Horizont näherte und den klaren Herbsthimmel mit leuchtendgelbroten Farben übergoß, erschienen sehr bald am fernen Horizont einzelne, dunkle Punkte, die sich rasch näherten. Es waren die Kundschaftergänse, die mit leisem Gak-Gak die Umgebung der Teiche überflogen. Ich verhielt mich möglichst ruhig, um nicht bemerkt zu werden. Nur vorsichtig schielte ich auf die sich senkenden und näher kommenden Gänse, die nach einigen Rundflügen, scheinbar befriedigt von ihren Nachforschungen wieder in der Ferne verschwanden. Aber schon nach kurzer Zeit sah ich gegen den hell leuchtenden Abendhimmel lange auf- und abwellende Perlenschnüre – riesige Gänsezüge, die unter immer lauter werdendem Rufen und Gegacker, ihren Nachteinständen zugestrichen kamen.

Vor dem Einfallen teilten sich die großen Flüge in einzelne, kleinere Familienschoofe, die nun über dem Moor und den Teichen umherzustreichen begannen. Schon steuerte der erste Flug auf mein Ansitzloch zu. Immer tiefer senkten sich die Gänse, mit weit vorgespreizten Rudern und rundgewölbten Schwingen.

Der Schuß auf solch einfallende Gänse ist leicht, während man bei höher vorbeistreichenden, infolge der Größe der Vögel, die Entfernung und auch die Schnelligkeit ihres Fluges oft unterschätzt. So kann es vorkommen, daß man Gans Nr. 3 beschießt und Nr. 4, ja sogar Nr. 5, zu Boden stürzt. Ein untrüglicher Entfernungsmesser bei höher streichenden Gänsen ist das »Erkennen« des Auges, gelingt das, so gelingt auch meist der Schuß. Auf nächste Entfernung faßten meine zwei Schüsse die einfallenden Gänse – eine Dublette als ersten Erfolg des Abends. Unter lautem Geschrei gewann der Flug wieder die Höhe und verschwand in der Dunkelheit des Osthimmels. Aber schon kündete erneutes Gegacker das Herankommen weiterer Gänse. Diesmal gab es einen Patzer meinerseits: ich konnte mich in meinem engen Ansitzloch nicht schnell genug umdrehen, um die anstreichenden Gänse schräg von hinten zu fassen. Bei etwas größerer Entfernung ist dies immer der beste Schuß, da das Schrot von den starken Brustfedern nicht so leicht abgehalten werden kann. Beide Schüsse rissen nur Löcher in die Luft, auch das muß mal vorkommen!

Trotzdem gelang es mir im Laufe des Abends noch fünf Gänse zu erlegen, von denen die eine nur geflügelt zu Boden ging. Sie erhielt von mir sofort den Fangschuß, denn geflügelte Gänse legen zu Fuß weite Strecken zurück, oder verdrücken sich im hohen Schilfrohr und Rietgras, wo sie dann, ohne Hund, schwer zu finden sind. Ich hatte meine Pointerhündin beim wartenden Wagen gelassen, da ich sie nicht der Nässe und Kälte im Ansitzloch aussetzen wollte. Eine Nachsuche hätte aber in jedem Fall erst am nächsten Morgen bei Tageslicht stattfinden können.

Allmählich wurde es völlig finster. Zwar zogen noch allerhand Gänse, zu einem sicheren Schuß reichte das Licht nicht mehr. In weiter Ferne hörte ich das aufgeregte Geschnatter und Geschrei der mißtrauisch gewordenen Gänse, die weit hinter den Seen im Moor zur Nachtruhe eingefallen waren.

Der Rückweg zum Wagen, mit sieben schweren Gänsen auf dem Rücken, war bei der Dunkelheit und dem beschwerlichen Gehen nicht einfach. Aber ich war damals jung und kannte das Moor, da ich selbst fast ein Stück dieser Landschaft bin.

Im übrigen, junge Wildgans in Aspik, man versuche es mal, ich kann es nur empfehlen!

Krähen

Hast Du schon eine Krähe singen gehört, nein? Und doch stehen sie in der ornithologischen Systematik in der großen Familie der Singvögel, allerdings in der Unterart ›Rabenvögel‹. Denn Krähen singen wirklich! Zwar nicht so laut und melodisch wie Lerche, Sprosser, oder Pirol, aber sie singen und ihr ›Lied‹ ist auch schön, wenn man ein Herz für eine Krähe hat. Und das sollten wir alle haben. Gerade wir, die aus dem ›Osten‹ stammen und unsere schöne Heimat einstmals mit der Krähe und zwar der ›grauen Nebelkrähe‹ teilten. Denn sie war der Charaktervogel des Ostens, d.h. der Landstriche nördlich der Elbe.

Südlich dieses Stromes wird sie von der schwarzen Rabenkrähe abgelöst, die es im Osten nicht gab. Zwar kommt es vor, daß sich an der Trennungslinie ein Paar zur Brut zusammenfindet, von dem der eine Teil schwarz, der andere grau ist. Auch ihre Jungen sind dann teils grau, teils schwarz.

Im Allgemeinen aber meiden sie sich und jede Farbenart hält sich an die von der Natur vorgeschriebene Grenze. Nur im Winter trifft man im Westen Nebelkrähen an, die aber, als Wintergäste, im Frühling wieder verschwinden und in ihre eigentliche Heimat, den Osten, zurückstreichen.

Sicher habe auch ich die Krähe früher gar nicht genügend beachtet, erst der Verlust der alten Heimat und mit ihm der Verlust des Anblikkes einer ›grauen Krähe‹, haben die enge Zusammengehörigkeit mit uns ›Heimatlosen‹ geschaffen. Ich kann mir die östliche Heimat-Natur ohne graue Krähen gar nicht vorstellen, denn sie waren dort überall zu Hause, ausgenommen vielleicht in großen, geschlossenen Waldgebieten.

Im Frühling spazierten sie auf den Feldern hinter dem Pfluge her, um Engerlinge und Regenwürmer zu sammeln. Waren die jungen Krähen ausgeflogen und hatten das Nest verlassen, so hockten sie, krächzend und schreiend, auf Randbäumen und auf den Reutern, auf denen der frisch geschnittene Klee zum Trocknen aufgeschichtet war. Im Herbst zeigten ihre langgezogenen Reisescharen das Nahen des

Winters an. In ununterbrochener, loser Kette strichen dann Tausende von Krähen west- und südwärts, um die Hungerzeit des nordischen Winters, in milderem Klima zu verbringen. Allerdings wurden diese fortziehenden, einheimischen Krähen, von anderen, weiter aus dem Osten und Norden, aus Skandinavien oder Rußland stammenden grauen Krähen ersetzt, so daß sie auch im Winter nicht fehlten.

Wer von uns Heimatlosen kennt nicht das winterliche Bild, wenn am scheidenden Tage, bei sinkendem Licht, hoch oben in den Wipfeln der bereiften Birken oder auf den Kronen der alten Linden vor dem Gutshause die Krähen saßen, dick aufgeplustert, mit eingezogenen Köpfen, ein Bild, das man nie vergessen kann, wenn man es mal mit ›Liebe‹ in sich aufgenommen hat.

Die Krähe war unbeliebt und wurde rücksichtslos verfolgt. Der Bauer beschuldigte sie die Getreidekörner der Neusaat zu fressen, obwohl die Krähe bestimmt mehr der Drahtwürmer und Engerlinge wegen die Saatfelder aufsuchte. An langen Stangen wurden tote Krähen in den Feldern aufgehängt, um die Lebenden durch den Anblick toter Artgenossen zu schrecken. Besonders aber der Jäger und Vogelfreund verfolgte sie, zum Schutz seiner Hasen, Rebhühner und Singvögel. Denn, daß sie Eier und Nester plündert, Junghasen und Junghühner verzehrt, kann man nicht leugnen. Auch das durch Hunger im Winter geschwächte Wild überfielen die Krähen und aus Fischteichen wußten sie geschickt und gerne kleine Fische zu rauben. Hühnerkücken auf Bauernhöfen und Gütern erbeuteten sie gerne und zehnten oft die Gluckenfamilien in unerhörter Weise.

Auch ich habe die Krähen eifrig und mit Erfolg bejagt und dezimiert. Ihre Horste ließ ich zerstören, die Jungen umbringen und in der Krähenhütte, der Jagd mit dem lebenden Uhu, fielen mir unzählige Krähen zum Opfer.

Und trotzdem, ich habe sie immer irgendwie geliebt. Sie standen irgendwie meinem Herzen nahe, denn sie verkörperten die heimatliche Natur und das Bild der Heimat. Mehrmals zog ich auch junge Krähen auf, die dann, völlig frei, als Haus- und Hofgenossen sich ungestört betätigen konnten und von Mensch und Tier geduldet wurden. Oft allerdings war es nicht leicht den Ärger hinunter zu schlucken über alles das, was sie sich an Unfug, Diebstahl und Unverschämtheit leisteten. Auf dem Fensterbrett meines, im zweiten Stock gelegenen Zimmers, stand eine alte Zigarrenkiste, gefüllt mit Hanfsaat zur Fütterung meiner gekräftigten Dompfaffen, Zeisige, Stieglitze und Bergfinken. Dort lag auch, mit den Borsten nach oben, eine Pferdebürste, mit der ich meine alte Pointerhündin ›Käthe‹

abzubürsten pflegte. Als ich eines Tages ins Zimmer trat, dessen Fenster offen stand, saß ›Jakob‹ meine zahme Krähe, auf dem Fensterbrett, von außen hinein geflogen. Meine böse Ahnung bestätigte sich rasch. Was hatte Jakob getan? Zwischen den Borsten hatte er unzählige Hanfkörner ›eingepflanzt‹, die ich nun mühselig herausklauben mußte, da sie durch Schütteln allein nicht zu entfernen waren.

Als eines Frühlingstages der Gärtner auf einem Beet am Hause, in Gegenwart meines Vaters, neu importierte Blumen in langer Reihe pflanzte, marschierte ›Jakob‹ hinter dem Rücken der Beiden gleichfalls am Beet entlang, nur zog er die neugepflanzten, zarten Pflänzchen wieder einzeln heraus und legte sie in geordneter Reihe sauber auf dem Boden wieder hin.

Den silbernen Fingerhut meiner Großmutter hatte er auf dem, auf der Veranda gedeckten Frühstückstisch, in die gefüllte Butterdose versteckt und die glänzende Schere aus dem Arbeitskorb meiner Mutter, im Saal im großen Palmenkübel vergraben. Alles das wurde ihm noch vergeben. Als er aber eines Tages mit zwei frisch gemeuchelten, kleinen Hühnerkücken im Schnabel im Salon erschien und seine Beute hinter den Sofakissen im Rücken meiner Großmutter verstecken wollte, war die Geduld und Großmut meiner Eltern erschöpft. ›Jakob‹ muß fort vom Hof, hieß es, sorge dafür, daß er auf immer verschwindet. Was tun? Ich steckte Jakob in einen Sack und wanderte mit ihm in das, etwa zwei Werst entfernte ›Kirchhofswäldchen‹, ein Waldstück am See, von etwa 300 Morgen Größe. Auf einer Lichtung inmitten alter Fichtenbestände öffnete ich den Sack, aus dem ›Jakob‹ zwar etwas verlegen, sonst aber wohlbehalten und frisch heraushüpfte. Es dauerte auch nicht lange, da begann er an einem alten Stubben zu knappern, zwischen Mooskissen und Farrenkräutern umher zu hüpfen, kurzum, er schien ganz zufrieden und voller Tatendrang zu sein. So, wie ich mich aber zu entfernen suchte, kam er nachgeflogen. Zwar nicht gerade als Begleitung, aber doch so, daß er mich immer im Auge behielt. Ich mußte ihn also irgendwie abschütteln, um ihn seinem Schicksal allein zu überlassen. Das war nicht leicht. Aber dann glückte es mir doch mich zu verstecken und ungesehen den Heimweg einzuschlagen. Als ich am nächsten Morgen, wie immer, zum Frühstück die große Veranda betrat, kam mir kein ›Jakob‹ entgegen gehüpft. Als ich aber mit lauter Stimme »Jakob, Jakob« rief, kam dieser, sozusagen Hand in Hand mit der zahmen Dohle Elsa angeflogen, fröhlich, zutraulich und wie selbstverständlich.

Aber sein Schuldkonto war doch zu groß, mein Vater bestand darauf, daß ›Jakob‹ verschwinden müsse. So packte ich ihn nochmals in einen Sack und fuhr mit ihm mit Roß und Wagen in den ›großen‹ Wald, d.h. den geschlossenen Forst jenseits des großen Sees, etwa acht Kilometer entfernt. Dort wiederholte sich der Abschied zwischen uns mit Versteckspiel und gelungenem Betrug, nur mit dem Unterschied, daß ›Jakob‹ verschollen blieb, und ich ihn nie mehr wiedersah. Und ›Jakob‹ war derjenige, der mir das ›Krähenlied‹ gesungen hat. Zwar hörte ich es auch schon früher, draußen, von wilden Krähen, die im Frühling eine ganze Tonleiter von Knarr-Krächz, hohen und tiefen Tönen hören ließen, wenn sie kopfnickend, mit gesträubten Nackenfedern und lockerem Brust- und Bauchgefieder balzend um ihre Ehehälfte hinter dem Pflüger herschritten. Aber richtigen ›Krähen-Gesang‹ hat mir nur ›Jakob‹ vorgetragen. Mag sein, daß man draußen viele leise Töne nicht hört, weil man den scheuen Krähen nie so nahe kommt. Schon im Herbst, als zweijähriger Vogel, begann ›Jakob‹ seine Gesangesübungen, zumeist, wenn er in warmer Herbstsonne sitzend ein gutes Frühstück verdaute und dies durch kurze Schlummerminuten unterbrach. Es ist kaum zu glauben, wieviel verschiedene Einzeltöne und fast eine Tonleiter eine singende Krähe hervorbringt. Natürlich muß man keinen melodischen, aus vollen, lauten Tönen bestehenden Gesang erwarten. Vom gewöhnlichen krächzenden »Krah-Krah« bis zum süß-bittenden Liebesgestammel enthält die Skala der Krähenmusik eine unglaubliche Fülle von kurzen, längeren, lauten, leisen, ja flüsternden, zusammenhängenden und einzelnen Rufen und Lauten. Man begreift als Zuhörer kaum, daß eine Krähenkehle so modulationsfähig ist.

Zum wirklichen Sänger wurde ›Jakob‹ aber erst im Frühling, als auch ihn die Liebesunrast ergriff, und er, in Ermangelung einer wirklichen Ehehälfte, der Dohle Elsa den Hof zu machen begann. Man konnte den »Gesang«, wie ihn alle Vögel im Lenz ertönen lassen, genau von dem leisen und bittend-zärtlichen Liebesgeflüster unterscheiden, das Jakob hören ließ, wenn er in der warmen Sonne neben Elsa sitzend ihr mit behutsamen Schnabelgeknabber den Kopf kraulte.

Krähen sind musikalisch, denn sie imitieren auch Laute anderer Mitbewohner, wie z.B. das Krähen vom Haushahn, Hundegebell, oder das Gegacker einer Henne. Elstern und insbesondere Eichelhäher übertreffen in dieser Kunst noch bedeutend eine Krähe. Vom Häher hört man ja auch im Walde oft Imitationen, wie den Ruf eines Bussards, oder das Fiepen eines Rehes.

Wie gesagt, ich verfolgte als Jäger und Heger meiner Rebhühner und Fasanen das runde Jahr hindurch die Krähen. Auch zur Brutzeit wurden sie geschossen und die Brut vernichtet.

In einem Frühling hatte ich wieder den Nestbau eines Krähenpaares auf einer niedrigen, astreichen Kiefer, am Rande eines Moores, beobachtet, dazu noch ausgerechnet im Herzen meiner Fasanenremisen. Immer wieder sah ich die alten Krähen Nestmaterial in die Krone der Kiefer tragen und bald waren auch die Umrisse des Horstes aus weiterer Entfernung zu sehen. Als ich eines Tages dort vorbeikam sah ich schon von weitem den Stoß der wohl legenden Mutterkrähe über den Horstrand ragen. Natürlich war das Todesurteil gesprochen, denn ich konnte ihr dort unmöglich Gastrecht einräumen, wo in einigen Wochen meine Fasanenhennen und Häsinnen ihren Nachwuchs aufzuziehen gedachten. Ich mußte aber jetzt warten bis die Krähe brütete, um sie sicher abschießen zu können und damit auch die Brut zu vernichten. So ließ ich auch noch acht bis zehn Tage vergehen, dann ging ich erneut hin, um das Urteil zu vollstrecken.

Richtig, die Mutterkrähe saß auf dem Nest, ich konnte bestimmt bis dicht an den Baum heran schleichen, ehe sie abstreichen würde. Das Krähenmännchen spazierte unweit des Baumes auf dem Felde umher und flog bei meiner Annäherung außer Schußweite mit lautem Warnruf auf. Trotzdem blieb die brütende Krähe auf dem Gelege sitzen, die Mutterpflicht war stärker als die eigene Sicherheit. Aber was konnte die Krähe eigentlich dafür, daß sie nach dem Willen der Schöpfung ›schädlich‹ war, d.h. auch das Jungwild verspeist, das der Mensch hütet und pflegt, um es später selber zu verzehren. Wer gibt den Menschen das Recht über schädlich und nützlich zu entscheiden? Ist das nicht eine anmaßende Überheblichkeit von uns diejenigen Tiere für schädlich zu erklären, die auch das fressen, was der Mensch selber fressen will? War die Krähe nicht auch ein Glied der Schöpfungsweisheit, nach der jedes Tier seinen Platz und seine Aufgabe hat im großen

Räderwerk der Natur? Ich kam dicht an die Kiefer heran, ohne daß die Krähe vom Nest abstrich. Sollte ich nun leise an den Stamm klopfen und die Abstreichende mit mühelosem Schuß umbringen? Saß da nicht auch ein Muttergeschöpf, das sein Leben für seine Kinder einsetzte? Etwas stimmte da doch nicht? Na, ich konnte ja in den nächsten Tagen hingehen und schießen, wenn ich mir die Sache nochmals reiflich überlegt hatte. Aber auch die nächsten Tage trieb ich die Krähe nicht vom Nest und schoß sie nicht. Und das wiederholte sich so lange, bis die Jungkrähen geschlüpft waren, was ich an den futtertragenden Altkrähen leicht feststellen konnte. Sollte ich die alte Krähe abschießen und die Jungen umbringen? Auch das brachte ich nicht fertig.

So geschah es, daß Woche um Woche verging. Die Jungkrähen hatten längst das Nest verlassen und saßen mit den Eltern auf den Feldern, oder auf den Randbäumen und Kleereutern, um bei meinem Erscheinen, von den Altkrähen durch Zuruf gewarnt, außer Schußweite abzustreichen. Ich schoß später, glaube ich, nur eine Jungkrähe, alle anderen belebten nach wie vor das Revier.

Damals kam ich mir ungewöhnlich anständig und gemütsreich vor, glaubte ich doch eine große Selbstüberwindung und Enthaltsamkeit bewiesen zu haben, und ein Mensch zu sein, der sicher einen Platz im Himmel finden würde!

Wenn ich heute, als heimatloser Greis an meine ›heimatlichen, grauen Krähen‹ denke, an diese damals so verhaßten Vögel, so will es mir erscheinen, daß das eigene Schicksal nötig war, um das Schicksal dieser Krähen, wenn auch nur noch im Gedankenwunsch, zu ändern.

Graue Krähe und baltisches Heimatland sind so tief und eng miteinander verbunden, daß eins ohne das andere nicht denkbar ist. Heute ziehe ich vor jeder grauen Krähe ehrfurchtsvoll meinen Hut, ja, ich könnte auf die Knie sinken und mit gefalteten Händen einen Segensspruch murmeln:

»Herrgott, erhalt die Krähen und mit ihnen die alte Heimat, aber ohne Menschen, denn diese morden alles und jedes, was sie sich zu unterwerfen versuchen, in verblendetem Hochmut und Besserwissen, auch Schöpfung und Schöpfer.«

Waldschnepfen-Erinnerungen

Kein anderes Flugwild dürfte so bekannt und dabei doch so von Geheimnisvollem umwittert sein wie die Waldschnepfe, unser ›Vogel mit dem langen Gesicht‹!

Schon das Äußere weicht von der herkömmlichen Regel ab: der große Kopf, mit den dunklen, völlig seitwärts stehenden ›Gazellenaugen‹, der lange Stecher und das scheinbar so eintönige, braune Gefieder. Aber gerade diese Färbung ist es, die bei näherer Betrachtung nur staunende Bewunderung hervorrufen kann. Ich kenne keine andere Wildart, ja fast keinen anderen einheimischen Vogel, der so viele Farben in seinem Gefieder aufweist wie die Waldschnepfe!

Da finden sich die mannigfaltigsten Tönungen, angefangen vom schlichten Braun bis zum Silberweiß. Das Gefieder ist in seiner pastellfarbigen Harmonie eins der schönsten in der einheimischen Vogelwelt und verleiht der Schnepfe trotzdem – oder vielleicht gerade daher – die größte Anpassungsfähigkeit an ihre Umgebung.

Auch sonst umgibt die Waldschnepfe ein gewisses Geheimnis, denn vieles aus ihrem Leben ist trotz ihrer Häufigkeit noch unerforscht und ungeklärt. Ihre mehr nächtliche oder dämmerlichtige Lebensweise entzieht sie unwillkürlich der näheren Beobachtung, und auch für mich alten Jäger war die Schnepfe immer vom Nimbus des Rätselhaften umwoben, wenn sie bei warmfeuchter Witterung wie ein großer Nachtfalter mit langsamem Flügelschlag über die Baumwipfel angestrichen kam. Ich habe, gemessen an den Möglichkeiten, relativ wenig Schnepfen auf dem Strich geschossen, denn Massenstrecken von fünf, sechs und mehr Schnepfen an einem Abend, wie sie von einzelnen Jägern im Baltikum erzielt worden sind, lassen sich mit meinem waidmännischen Empfinden nicht vereinbaren. So habe ich nur einmal drei Schnepfen an einem Abend geschossen und mich sonst mit einer, in ganz seltenen Fällen mit zwei Schnepfen begnügt.

Der Schuß auf streichende Frühlingsschnepfen gilt allgemein als nicht schwer. Und doch habe ich sie trotz vieler Übung im Schrotschießen immer schlecht geschossen. Ich zähle mich ja nicht zu den großen ›Könnern‹, galt aber doch immer als guter Schütze und habe

das oft auf Herbst-Bekassinen bewiesen. Es besteht jedenfalls ein großer Unterschied zwischen den an feuchtwarmen Abenden gemächlich und den bei windig-kühler Witterung hoch und rasch fliegenden Langschnäbeln.

Im alten Baltikum war zu meiner Zeit die Waldschnepfe eigentlich überall Brutvogel. So brach der Frühjahrsstrich auch nicht nach kurzer Zeit wieder ab, sondern dauerte bis weit in den Juni, ja bis Mitte Juli.

Im Frühling liegt die Schnepfe mit Vorliebe in feuchten Laubholzbeständen, besonders wenn diese mit Jungfichten unterwachsen sind. Das ist der von der Waldschnepfe bevorzugte Brut- und Aufzugsort. Im Herbst, zur Zugzeit, fand ich die meisten Schnepfen in trockenen Fichtenbeständen, ja selbst in reinen Kiefernschonungen.

Das Buschieren oder Treiben auf Frühlingsschnepfen, wie das früher in Deutschland vielfach üblich war, kannte man im Baltikum nicht. Ich glaube, daß bei dieser Jagdart eine große Anzahl Brutschnepfen ihr Ende fanden. Den Einwand, daß nur Zugschnepfen geschossen wurden, kann man kaum gelten lassen. Ich selbst habe einmal in Mecklenburg eine solche Jagd mitgemacht, auf der von elf erlegten Schnepfen fünf Weibchen waren, darunter eins mit einem fast legreifen Ei. Also keine Zug-, sondern fraglos eine Brutschnepfe! Wo schießt man denn sonst im Frühling Hennen – der Schnepfenhahn sollte ein bunteres Kleid tragen als seine Hennen!

Häufig wird bei Schnepfenstrich-Beschreibungen der Schnepfenstern erwähnt, dessen Erscheinen den Beginn des Striches anzeigen soll. Nun, ich habe immer gefunden, daß der Stern sich stark verspätet, denn der Strich begann immer schon früher, oft schon bei Sonnenuntergang. So schoß ich meine erste Schnepfe an einem Ostersonnabend noch bei vollem Tageslicht, so daß mein etwas entfernter stehender Vater mir zurief, ich solle das Knallen auf andere Kreaturen unterlassen. Wie erstaunt war er dann, als ich ihm meine ›Erste‹ vorwies!

In meiner Jugend war der Schnepfenreichtum in meiner Heimat noch sehr groß. Eigentlich strichen sie abends im ganzen Revier, soweit es den Langschnäbeln überhaupt zusagte. So konnte man sich auch fast überall mit mehr oder weniger Erfolg anstellen – es kam natürlich darauf an, seinen Platz so zu wählen, daß genügend Schußraum vorhanden war und die Schnepfen nicht zu hoch über Altholzbestände angestrichen kamen. Sechs bis acht Langschnäbel sah man in der Regel immer, und eine weitere Anzahl meldete ihre Anwesenheit durch lautes Murksen und Zwitschern.

Ich erinnere mich eines Abends, der mir unvergeßlich geblieben ist. Mein Bruder und ich hatten uns auf einer breiten Jagenschneise angestellt, ganz in der Nähe des Forsthauses, in dem wir die Nacht vor dem morgendlichen Besuch der Auerhahnbalz verbringen wollten. Es war dies ein seit langer Zeit bekannter guter Stand. Zu beiden Seiten der langen Schneise dehnten sich im Stangenalter stehende Espenbestände aus, dicht unterwachsen von jungen Fichten, Birken, Grauerlen und Weidengesträuch. Der Boden war, besonders im Frühling, feucht, überall blinkten kleine Wasserlachen – ein ideales Schnepfenrevier!

Wir hatten uns natürlich mit Schnepfenpatronen versehen, denn der Besuch des Schnepfenstandes, am Abend vor der Auerhahnbalz, war Tradition.

Es war warm, tiefhängende graue Wolken ließen Regen erwarten – ein ideales Strich- und Balzwetter. Denn, nicht nur die Schnepfe, auch der Auerhahn bevorzugt warmes, feuchtes Wetter, sehr im Gegensatz zum Birkhahn, der reifweiße kalte Morgenstunden besonders liebt.

Das vielstimmige Vogelkonzert der unzähligen Sing- und Misteldrosseln, der Rotkehlchen, Buchfinken und Meisen verstummte allmählich. Die in den Jungfichten und Erlen balzenden Haselhähne, die sich immer wieder gegenseitig reizten, wurden still: ihr dumpfbrausendes Purren zeigte an, daß sie ihre Schlafbäume aufsuchten.

Im Osten war eine dunkle Wolkenbank aufgestiegen, deren schwärzlich-blaue Färbung wie eine drohende Finsternis den noch hellen Himmel zu verschlingen drohte.

Da klang plötzlich der glockengleich-läutende Ruf ziehender Schwäne in die Stille: gegen die dunkle Wolkenbank, silber-weiß leuchtend, zogen acht Singschwäne mit schweren Schwingenschlägen über uns hin – ein Bild, das jeden Naturfreund immer wieder begeistert: königliche Vögel mit goldenen Kronen auf dem Haupt, deren unstillbare Sehnsucht sie in unbekannte Fernen treibt, Boten aus Avalun, dem unerreichbaren Lande der Menschenferne!

Und dann begann der Strich. Meine alte, erfahrene Hündin, die sonst immer gehorsam neben mir saß und jede Schnepfe, die sie lange vor mir hörte, durch Kopfdrehen anzeigte, war aufgeregt aufgestanden. Von allen Seiten hörte man das tiefe Quorren und helle Zwitschern der streichenden Schnepfen, die, je nach ihrer Flugrichtung, die Schneise überquerten oder seitwärts über die Baumwipfel strichen.

Ich weiß nicht mehr, wie viele Schüsse wir abgaben; ich weiß nur, daß wir wie die Sonntagsjäger patzten und mit Ach und Krach jeder

von uns zwei Schnepfen erlegte, ein mehr als kümmerliches Ergebnis bei diesem Schnepfensegen! Auf einer kleinen herbstlichen Waldjagd mit nur sechs Schützen wurden einmal sieben Waldschnepfen geschossen, wobei ich den Dusel hatte, vier Langschnäbel zu erlegen, darunter den dritten als Dublette mit einem Schneehasen.

Obwohl die Waldschnepfe zur Niederjagd gehört, nimmt sie im Leben wohl eines jeden Jägers eine besondere Stellung ein und wird daher nicht umsonst die ›Königin der Niederjagd‹ genannt.

Kein anderer Vogel verkörpert ja so stark den ersten Lenzboten, wie es die streichende Waldschnepfe im erwachenden Frühlingswalde tut.

Sumpfschnepfen

Über die Waldschnepfe, die ›Königin der Niederjagd‹ werden immer wieder Jagderlebnisse, Stimmungsbilder und Beobachtungen in der Jagdpresse veröffentlicht, während über ihre nächsten Verwandten, die Sumpfschnepfen nur sehr selten berichtet wird. Und doch sind diese drei Schnepfenarten, sowohl biologisch als auch jagdlich äußerst interessant. Ihr Vorkommen innerhalb der Grenzen Deutschlands ist allerdings sehr verschieden, so daß sich Beobachtern und Jägern bisweilen kaum die Möglichkeit bietet sich mit ihnen öfters näher zu befassen.

In meiner alten Heimat, dem Baltenlande Livland, kamen diese drei Schnepfenarten noch häufig vor, sowohl Brut- als auch Zugvögel. Ich habe daher Jahrzehnte hindurch Gelegenheit gehabt mich mit ihnen zu befassen, und von meinen damals erworbenen Kenntnissen möchte ich heute der Jägerwelt einiges erzählen.

Unter der Bezeichnung Sumpfschnepfen werden die drei Arten zusammengefaßt, die neben der Waldschnepfe, die Vertreter der ›echten Schnepfen‹ darstellen. Sie unterscheiden sich in erster Linie durch ihre Größe, zeigen aber auch in Befiederung und Lebensweise vielerlei Unterschiede und sind auch als jagdbares Wild nicht gleich.

Die größte von ihnen ist die Doppelschnepfe *(Capella media)*, die ungefähr Amselgröße erreicht, an Brust und Unterseite fast weiß ist und im Stoß in der Regel 16 Federn hat. Sie bevorzugt als Brutplatz feuchte, mit Grasbülten, Strauchwerk und einzelnen Bäumen bedeckte wilde Wiesen, und fällt im Herbst auf dem Durchzuge mit Vorliebe auf frisch bestockten Winterroggenschlägen ein.

Bis Ende des vorigen Jahrhunderts war diese Schnepfe überall sehr häufig und wurde auf der Suche in großen Mengen erlegt, um so mehr als ihr Wildbret eine Delikatesse ist und sogar dem der Waldschnepfe vorgezogen wird. Dann trat aber ein rapider Rückgang ihres Vorkommens ein, der zuerst auf die zunehmenden Entwässerungen und Meliorationen der wilden Wiesen und Moore zurückgeführt wurde, die ihr Brutbiotop vernichteten. Das Merkwürdige aber war, daß auch in Rußland, wo diese Schnepfe massenhaft brütete und keinerlei nennenswerte Kultivierungen zu verzeichnen waren, die Doppelschnepfe gleichfalls zusehends seltener, ja fast zum seltenen Wilde wurde.

Im Gegensatz zur Bekassine, spielt sich das Leben der Doppelschnepfe vorwiegend am Boden ab, denn Balzspiele in der Luft oder freiwillige Rundflüge, wie wir sie so oft bei der Bekassine beobachten können, habe ich bei der Doppelschnepfe nie feststellen können. Dies mag auch damit zusammenhängen, daß die Doppelschnepfe ein viel langsamerer und schlechterer Flieger ist, als ihre kleineren Verwandten.

So ist auch der Schuß auf diese Schnepfe leicht, da sie sich schwerfällig erhebt, meist in gerader Richtung abstreicht und besonders im Herbst, wenn sie fett ist, sehr bald wieder einfällt. Die Balz findet stets auf dem Boden statt und ist eines der reizendsten Bilder, die man als Beobachter haben kann. Im ersten Morgengrauen, oft auch in hellen Mondnächten, versammeln sich 15 bis 20 Schnepfen auf relativ kleinem Raum, wobei die gleichen Balzplätze in jedem Frühjahr fast auf den Meter genau immer wieder eingehalten werden. Während die Hennen, gleichsam als Zuschauer, umherstehen, führen die Hähne ihre Balztänze auf, wobei es auch zu heftigen, aber unblutigen Kämpfen kommt. Mit an die Brust angedrücktem Stecher, den Stoß erhoben und zu einem kleine Fächer gespreizt, die Schwingen leicht gelüftet und hängend, trippeln die Hähne umher, bald sich den Hennen nähernd, sich verneigend und rückwärts tretend bald aufeinander zulaufend, den langen Stecher wie eine Lanze vorstoßend. Dabei lassen sie ein leises schmatzend-trillerndes Gewisper hören, wie ein Gemurmel winziger Kobolde, die plötzlich der erwachenden Frühlingserde entstiegen sind und nun im unwirklichen Dämmerlicht des jungen Tages ihr gespenstiges Wesen treiben.

Auf solchen Balzplätzen ist es natürlich ein Leichtes aus einem Schirm die balzenden Schnepfen zu erlegen, wobei mit einem Schuß gleich fünf bis sechs Vögel geschossen werden können, allerdings ohne Auswahl des Geschlechts. In Rußland war diese Jagdart bei den dortigen Bauernjägern sehr beliebt. Ich glaube aber nicht, daß dieser Abschuß irgendwie zum starken Rückgang dieser Wildart beigetragen hat, da auf den unermeßlichen Moorwiesen und Sümpfen diese Schnepfe zu häufig war, als daß dieser Aderlaß einen Einfluß auf ihr Vorkommen gehabt hätte.

Die Doppelschnepfe muß eine sehr starke und angenehme Witterung für die Hundenase haben. Ich habe Jahrzehnte hindurch erstklassige Pointer geführt, die sich zur Suche auf Birkwild, Schneehüh-

ner, Sumpfschnepfen u.a. auf den weiten Mooren und Wiesen des Landes besonders gut eigneten, da sie auch bei größter Hitze nicht versagten und an Ausdauer und Passion wohl einzig dastehend sind. Da ist es mir immer wieder aufgefallen, wie oft die Hunde, die oft in starkem Graswuchs, in Zwergbirken und Zwergweidengestrüpp liegenden Schnepfen in die Nase bekamen und auch junge, noch wenig eingejagte Hunde, dieser Witterung folgten. Ganz im Gegensatz dazu, scheint mir die Witterung der Bekassine nur wenig Anreiz zu haben, insbesondere auf junge Hunde und solche, die die Bekassine als jagdbares Wild noch nicht kennengelernt haben. Fast alle meine jungen Pointer reagierten zuerst kaum auf die Witterung und behandelten die Bekassine ähnlich wie Lerchen oder Pieper, vor denen junge Hunde ja auch ›stutzen‹, während das Geläuf von Doppelschnepfen sofort mit Eifer angefallen wurde.

Andere Pointerführer haben mir diese Beobachtung auch bestätigt – ob das bei allen Hunden so sein mag? Im Herbst, etwa Ende August, Anfang September, fand der Durchzug von Doppelschnepfen nach dem Süden statt. Dann konnte man an den unerwartetesten Stellen plötzlich auf Schnepfen stoßen und oft in solchen Mengen, daß einem der Patronenvorrat in kürzester Zeit ausging.

Im Herbst 1908 suchte ich auf Bekassinen und kam dabei über einen großen Winterroggenschlag. Plötzlich stand meine Pointerhündin fest vor, so daß ich ein Volk Hühner vermutete, mich aber wunderte, daß die Hühner so fest lagen. Dann standen Doppelschnepfen vor mir auf, hier eine, dort zwei - drei, immer mehr und mehr. Sie strichen nicht weit und fielen bald wieder ein, so daß ich sie sehr bald wieder zu Schuß bekam. Ich verschoß in kürzester Zeit meinen Patronenvorrat. Als ich mit leeren Taschen heimwärts zog, hingen 27 Doppelschnepfen an meiner Tasche. Natürlich ging ich am nächsten Tage, wohlversorgt mit Patronen, wiederum auf die Roggensaat, denn ich schätzte die Anzahl der hochgemachten Schnepfen auf mindestens ein- bis zweihundert. Trotz sorgfältigster Suche mit meiner feinnasigen Hündin, war aber weder auf der Saat, noch in der Umgebung auch nur eine Schnepfe zu finden. Sie hatten wohl in der Nacht ihren Weiterflug angetreten und waren ebenso plötzlich und rasch wieder verschwunden, wie sie erschienen waren.

Tagesstrecken von 10 bis 15 Schnepfen habe ich mehrmals gemacht, allerdings auch nur zur Zugzeit, während einzelne dieser Vögel fast bei jeder Birk- oder Schneehuhnsuche den Galgen zierten.

Die zweitgrößte der Sumpfschnepfen ist die wohl überall bekannte Bekassine oder Himmelsziege – *Capella gallinago.* Zum Unterschied von der Doppelschnepfe ist die Brust der Bekassine leicht grau gesprenkelt und ihr Stoß besteht in der Regel aus 14 Federn. Die Bekassine bevorzugt weit feuchtere Standorte als ihre größere Verwandte. Ihr Balzleben spielt sich zum großen Teil in der Luft, in steilen Balzsturzflügen ab, bei denen sie dann das bekannte »Mekkern« hervorbringt. Der Schuß auf die Bekassine gilt als sehr schwer. Nur zu leicht wird die im Zick-Zack-Flug aufstehende Schnepfe gefehlt. Dies gilt aber nur von wirklich ausgewachsenen voll-flugfähigen Vögeln, denn die jungen Bekassinen, die oft auf Entenjagden an Teich- und Seeufern geschossen und dann mit Stolz vorgewiesen werden, sind ebenso leicht zu erlegen wie die Doppelschnepfe, Wachtel oder ähnliche kleine Wildvögel mit geradem ruhigen Flug. Erst die voll ausgewachsene Herbstbekassine zeigt die rasende Geschwindigkeit und das blitzartige Sichhin- und Herwerfen. Aber wie bei jedem Schuß spielt auch hier die Übung eine große Rolle. Der Schuß muß heraus sein, bevor der Vogel sein »Zick-Zack« beginnt. Meist schießt man ja auf kurze Entfernung und mit feinstem Schrot, ein wirkliches Zielen ist kaum möglich und wenn das Gewehr ›gut liegt‹, faßt auch ein ›hingeworfener‹ Schuß das winzige Ziel. Brutschnepfen gab es überall, die eigentliche Jagd auf Bekassinen begann aber erst, wenn die Zugschnepfen eingetroffen waren, was etwa Anfang September der Fall war und Ende des Monats den Höhepunkt erreichte. Besonders in nassen Jahren fielen dann unglaubliche Mengen dieser flinken Vögel auf nassen Wiesen, Viehweiden und Mooren ein und man

konnte sich regelrecht ›sattschießen‹ ohne das Gefühl zu haben, die Anzahl der Schnepfen auch nur etwas zu dezimieren. Der Herbst 1912 brachte viel Regen, überall waren die Seeufer und Wiesen überschwemmt und boten den durchziehenden Bekassinen nahrungsreiche Ruheplätze auf ihrem Flug gen Süden. Auf einer Rebhuhnsuche kam ich damals an einem etwa drei Morgen großen, bäuerlichen Haferfelde vorüber, wo der noch grüne Rispenhafer so unter Wasser stand, daß sich die einzelnen Halme kreuz und quer durcheinander gelegt hatten und das ganze mehr einem Moorloch, als einem Felde glich. Schon von weitem zog meine Pointerhündin an, um am Rande des Feldes fest vorzustehen. Daß Hühner nicht in dieser Nässe liegen würden, war mir klar, doch dachte ich an Krickenten, die gerne an solchen nassen Stellen einfallen. Kaum war ich hinter die Hündin getreten, als rundum Bekassinen aufstanden, vier – sechs – acht, einzeln und zusammen. Ich weiß nicht mehr wie viele ich an dem Tage erlegte und wie lange mein Patronenvorrat reichte. Gleich am nächsten Tage ging ich wieder hin, zusammen mit meinem Bruder und wir verschossen wiederum alle mitgebrachten Patronen. Das wiederholte sich etwa sechs Tage, der Hafer war immer voller Bekassinen und als die Vögel dann eines Nachts weitergezogen waren und im Haferstück nur noch ganz vereinzelte Bekassinen lagen, konnten mein Bruder und ich eine Strecke von 98 Schnepfen buchen, indes mein alter Vater seine Freude ausdrückte nun nicht mehr ausschließlich Bekassinen essen zu müssen.

Erinnerlich ist mir noch eine Dublette, die ich am Seeufer machte. Ich hatte im rechten Lauf feines Schnepfenschrot für Bekassinen geladen und im linken gröberes Schrot für Enten. Als ›Käthe‹ vorstand und mein Schuß die aufstehende Bekassine ins Gras warf, flüchtete plötzlich, dicht vor dem Hunde, ein Fuchs aus den hohen Grasbülten auf die Wiese hinaus und blieb im zweiten Schuß verendet liegen.

Als ich einmal auf einem schmalen Wiesenstreifen zwischen dem Rohrgürtel des Sees und dem mit Bäumen und Strauchwerk dicht bestandenem Steilufer entlang ging, strich eine Bekassine heraus, die ich unbeschossen ließ, da ich das Gewehr auf dem Rücken trug. Die Schnepfe hatte sich kaum erhoben, als von hinten ein starkes Hühnerhabichtweib herausschoß und die Bekassine schlug. Es war so nah, daß ich deutlich sehen konnte, wie der Habicht mit nur einem Fang die Schnepfe ›fortfing‹, etwa so, wie man mit einer Hand Fliegen von einer Tischplatte zu greifen versucht.

Die Zwergschnepfe ›Stumme Schnepfe‹ oder auch Harschnepfe – *Lymnocryptes minimus* – ist die kleinste der drei Verwandten und erreicht kaum Sperlingsgröße. Sie ist sofort an dem starken Metallschimmer ihrer streifigen Rückenzeichnung und an der weißen Unterseite erkenntlich, auch hat sie in der Regel nur 12 Federn im Stoß. Ihre Färbung ist wohl das Vollendetste an Anpassung oder Mimikry unter allen Schnepfen, wozu noch hinzukommt, daß die sich drükkende Schnepfe den Kopf mit dem langen Stecher schräg senkrecht zur Erde hält, während der Körper schräg aufwärts gerichtet wird, wodurch der Stoß und die Flügelspitzen sich den umgebenden Grashalmen anpassen.

Hinzu kommt die violett-braune Streifenzeichnung auf dem Rükken, die viel dazu beiträgt das metallisch-glänzende, braun-gelbe Moorwasser vorzutäuschen. Die kleinste Schnepfe ist zwar ein gewandter Flieger, erreicht aber nie die Schnelligkeit und Gewandtheit der Bekassine und ist daher nicht schwer zu erlegen. Auch sie steht, wie die Doppelschnepfe, stumm auf, im Gegensatz zur Bekassine, von der man fast immer ein rasches zwitscherndes ›Aetsch-Aetsch‹ vernimmt. Die Stumme Schnepfe brütet hauptsächlich im höheren Norden und war daher auch in Livland als Brutschnepfe nicht häufig. Desto zahlreicher erschien sie auf dem Herbstzug und zwar als Letzte, etwa Ende September – Anfang Oktober, oft erst, wenn schon der Frost die seichten Pfützen auf den Wiesen mit Eis bezogen hatte. Keine der Schnepfen liegt so fest wie diese.

Ich habe mehrfach ›Stumme Schnepfen‹ vor der Hundenase mit dem Hut bedeckt, um sie dann, beringt, wieder frei zu lassen. Als Jagdbeute spielte sie, ihrer Kleinheit wegen, natürlich eine sehr untergeordnete Rolle und kam in der Regel nur hin und wieder auf der Bekassinensuche zur Strecke.

Leider nehmen alle diese Schnepfen immer mehr ab, da Entwässerungen und Meliorationen ihr Brut- und Lebensbiotop immer mehr einschränken.

Auerhahnbalz

Schon Mitte März hatte ich die Schleifspuren von Auerhähnen gefunden, wie sie diese im Vorfrühling in Erwartung der kommenden Balz mit ihren hängenden Schwingen zu beiden Seiten des Geläufs über den Schnee ziehen.

Jetzt war es Anfang April. Der Frühling war mit warmen Winden, Tauwetter und berstenden Eispanzern auf Seen und Flüssen eingezogen. Unter den tiefhängenden Wolken zogen tagsüber Wildschwäne und Kraniche gen Norden, während die lauen Nächte mit dem Geschrei und dem langgezogenen Rufen und Flöten der Wildgänse und Kronschnepfen erfüllt waren.

Beim Verhören an mehreren Morgen habe ich festgestellt, daß sich die Hähne wieder am alten Balzplatz eingefunden und auch schon eingespielt hatten, so daß sie in der Dämmerung bereits lebhaft balzten und am Boden mit prasselnden Schwingenschlägen, wenn auch unblutige, so doch erbitterte Kämpfe austrugen.

Wie alljährlich schätzte ich hier auf der Hauptbalz die Anzahl der Balzhähne auf zwölf bis vierzehn Stück, zu denen auf drei einzeln liegenden, kleineren Nebenbalzen noch etwa acht bis zehn weitere Hähne hinzukamen. Diese Anzahl würde sich mit fortschreitender Balz sicher noch erhöhen, denn den Reigen eröffnen als Erste immer die alten Hähne, während sich die Jungen erst langsam behaupten und einspielen müssen, um dann zum Schluß der Balzperiode im Mai als alleinige Besucher den Balzplatz zu beherrschen und von den Hennen, die ihr erstes Gelege verloren haben, auch noch erhört zu werden.

So beschloß ich, am nächsten Morgen auf einer Nebenbalz mein Heil zu versuchen, um den ersten Hahn des Jahres zu strecken. Mir hatte es da besonders eine kleine, mit zwei oder drei Hähnen besetzte Balz angetan, da sie im Gelände völlig anders war als die sonst üblichen Balzplätze. Die Hähne balzten dort teils auf den am Rande eines ausgedehnten Hochmoores stehenden etwas höheren Kiefern, zum größten Teil aber auf kaum zimmerhohen Moorkrüppelkiefern, die dazu noch in mannshohem, trockenem Schilf standen. Durch dieses knisternd-rauschende Rohr und die gefrorenen Moorlachen war ein Anspringen besonders erschwert. Dafür aber bot der Anblick des meist auf dem Wipfel der kleinen Kiefer stehenden Hahnes einen so einzigartigen Genuß, daß dies schon allein für mich alle anderen Bedenken überwog.

Ich war schon sehr früh aufgebrochen, allein, wie ich das immer am liebsten tat. Schon der Anmarsch erforderte Zeit, zumal ein Gefährt dort nicht zu gebrauchen war und ich die erste Strecke im Boot über den See zurücklegen mußte. Aber ich erreichte den Balzplatz dank Mondschein so zeitig, daß ich nach meiner Berechnung noch reichlich eine Stunde zu warten hatte, ehe ein Hahn seine Morgenstrophe beginnen würde.

Kaum hatte ich am Rande des Moores unter einer Fichte Deckung gefunden, als ich auch schon zu meinem Erstaunen die Balzarien eines Hahnes vernahm. Er mußte weiter im Moor auf einer der kleinen Kiefern stehen – immerhin drang sein Lied deutlich und klar zu mir herüber. Für eine Morgendämmerung war es noch viel zu früh. Der Mond übergoß noch alles mit silbernem Schein, und der Hahn hatte sich wohl durch das helle Licht so weit täuschen lassen, daß er in der Balzerregung mit seinem Lied begonnen hatte. Es war ein schwieriges Unternehmen, ihn anzuspringen, aber ich wollte es doch versuchen.

Die schütter stehenden kleinen Moorkiefern gaben kaum Deckung, und im hellen Mondlicht mußte der Hahn jede Bewegung am Boden wahrnehmen, zumal er von seinem freien Sitz auf dem Wipfel des niedrigen Baumes einen besonders guten Überblick hatte.

Zum Glück war das Schilf, das fast überall den Boden bedeckt, stellenweise so hoch, daß man darin Deckung finden konnte, noch raschelte und knisterte es bei jeder Berührung. Auch die wenigen halb abgestorbenen kleinen Fichten boten wenig Deckungsmöglichkeiten.

Trotz aller Schwierigkeiten kam ich aber doch vorwärts und konnte schon bald auf weitere Entfernung den Hahn im hellen Mondlicht ausmachen. Er stand, wie erwartet, im äußersten Wipfel einer Moorkiefer und hob sich als großer, schwarzer Klumpen vom grauen Himmel ab. Nach weiteren Sprüngen, mehr Schleichschritte als solche, war ich bald auf Schrotschußweite heran und drückte mich an eine kleine Fichte inmitten eines dichten Rohrhorstes.

Der Hahn balzte fast pausenlos – eine Strophe folgte der anderen, nur mal unterbrochen von einem längeren harten Knappen. Der Mond war im Untergehen und stand als riesige blasse Scheibe niedrig am Horizont, genau hinter dem Balzbaum, dessen krumme, verzackte

und nur schwach benadelte Äste sich deutlich gegen das helle Licht abhoben. Nur kurze Zeit – und da trat der Hahn als festumrissene schwarze Silhouette aus dem gelblichen Mondlicht hervor – ein unvergeßliches Bild!

Es gibt Momente im Jägerleben, in denen man unwillkürlich den Schuß vergißt und nur noch das Bild des Wildes der Umgebung und der eigenartigen Stimmung in sich aufnimmt. Das war auch hier der Fall – so starr, daß ich alles um mich her vergaß und nur das zauberhafte Bild vor mir sah: den großen schwarzen Hahn im krüppeligen, grotesk gestalteten Baumwipfel, dahinter die blasse, riesige Mondscheibe und das gedämpfte, gespensterhafte Licht, das alles übergoß. Kein Laut war zu hören, nur das heimliche, rätselhafte Wunderlied des Hahnes, der in höchster Verzückung und Balzerregung, fast wie ein Betender, sein Haupt dem Licht entgegenreckte und hochaufgerichtet seine Balzstrophen sang.

Die Weite des großen Hochmoores verschwamm unmerklich zu einem Nichts in der Unendlichkeit einer längst nicht mehr vorhandenen Urnatur, in die der Hahn, in seiner urweltlichen Gestalt und seinem rätselhaften, unverständlichen Liede so völlig einging, daß alles in ein großes, zauberhaftes Eins verschwamm. Der Mond sank tiefer, es wurde dunkler – der Hahn balzte noch immer. Wie lange ich so gestanden habe – ich weiß es nicht; erst als völlige Stille eintrat und das Dunkel der Nacht mich umgab, zerrann mein Traum.

Ich habe an dem Morgen keinen Hahn geschossen, und doch ist dieser Balzmorgen, in meinem langen Jägerleben einer der schönsten gewesen, die mir geschenkt wurden.

Der Grenzhahn

Am fünften Mai war der Geburtstag meines Vaters. Ich fuhr zu diesem Tage von meinem Gut Koiküll immer aufs elterlicher Gut Schwarzhof, um meinem alten Vater zu gratulieren und bei der Feier zugegen zu sein.

Auch im Jahre 1910 machte ich mich auf den Weg nach Schwarzhof und zwar zu Pferde, um die 23 Werst reitend zurückzulegen und um fünf Uhr Nachmittags, zum Essen, dort zu sein. Vorsichtshalber aber nahm ich meinen Drilling mit, denn es konnte immerhin sein, daß noch ein Auerhahn balzen würde, obwohl die Balz gewöhnlich Anfang Mai schon ihrem Ende entgegenging.

Als am Abend noch eine Bowle getrunken wurde, äußerte ich meine Absicht in der Nacht noch einen Versuch auf den balzenden Hahn zu machen. Man lachte mich allgemein aus und riet mir dringend ab, mit der Bemerkung die Balz sei längst zu Ende gegangen. Aber ich ließ mich nicht halten.

Um ein Uhr Nachts bestieg ich wieder meinen Vollbluthengst ›Miliardär‹, schulterte den Drilling und ritt die sechs Werst zur Buschwächterei, die, mitten im Walde gelegen, in ihrem Bezirk den besten Balzplatz des ganzen Reviers hatte.

Auch der alte Buschwächter Petersen, der bereits in dritter Generation auf dieser Forstwartstelle saß, lachte mich aus, als ich ihm den Grund meines nächtlichen Besuches mitteilte, willigte aber sofort ein mich zu begleiten, um den Versuch zu machen, noch einen balzenden Hahn zu finden.

Als wir aufbrachen hatte sich das Wetter leider verschlechtert und war so windig geworden, daß das Rauschen der Bäume den leisen Balzlaut des Hahnes ganz zu verschlingen drohte. Vorsichtig und möglichst leise schlichen wir in der Dunkelheit dem Balzplatz zu, nachdem wir die Laterne, die wir zuerst entzündet hatten, gelöscht und am Stamm einer alten Fichte verborgen hatten.

Wir hatten etwa eine viertel Stunde gewartet, als mich der Buschwächter am Arm ergriff und, aufmerksam lauschend, mit zuraunte: »Dort balzt ein Hahn!«

Erst konnte ich im Winde nichts hören, doch nach kurzem Vorwärtsschleichen hörte auch ich einen Hahn balzen. Sofort begann ich ihn anzuspringen und kam auch gut vorwärts, denn eine Balzstrophe folgte der anderen fast pausenlos. Die Morgendämmerung hatte bereits so weit zugenommen, daß ich schon nach kurzer Zeit den balzenden Hahn entdeckte. Er stand auf den untersten Ästen einer alten Fichte, kaum zimmerhoch, um wohl im Schutz der Bäume dem Winde weniger ausgesetzt zu sein. In Deckung der Stämme war ich bald auf Schußnähe heran und im Knall prasselte der Hahn von seinem Sitz ins Moos, wo er, flügelschlagend, verendete.

Freudig hob ich ihn auf und übergab ihn dem mir gefolgten Buschwächter, der stolz darauf war, mich doch noch zu Schuß gebracht zu haben.

Auf meinen Vorschlag pirschten wir weiter durch die Balz, denn zu verderben gab es nichts mehr, der Morgen war zudem schön geworden, da der Wind nachgelassen hatte. Mich trieb auch keine Eile zur Rückkehr und es ließ sich vielleicht noch ein Haselhahn mit der Lockpfeife betören. Das vielstimmige Vogelkonzert des Frühlings hatte voll eingesetzt: Rotkehlchen, Sing- und Misteldrosseln waren zu hören und vom angrenzenden Moor tönte der Fanfarenruf der Kraniche und das Kollern vieler Birkhähne herüber.

Die Sonne war aufgegangen und bestrahlte golden die Wipfel der hohen Kiefern und Fichten. Da blieb der Buschwächter plötzlich stehen und machte mir ein Zeichen, daß er was höre. Sollte noch ein Hahn balzen? Angestrengt lauschend, schlich Petersen vorwärts – ich hörte noch nichts, das Rauschen der Bäume im leichten Winde verschlang jeden Laut. Nun aber vernahm ich auch das Balzlied. Es war noch undeutlich und leise, aber zur Not konnte ich doch schon anspringen. Wie immer, blieb der Buschwächter stehen, um meine Rückkehr abzuwarten oder nach einem Schuß zu mir zu kommen. Halb schleichend, halb springend, schob ich mich langsam vorwärts, denn der Hahn balzte unregelmäßig und machte immer wieder Pausen. Auch auf gute Deckung mußte ich bedacht sein, da die Sonne schon hoch stand und alles mit goldenem Licht übergoß. Mit einiger Mühe war ich aber doch noch so weit vorgesprungen, daß ich bald darauf den Hahn auf dem Wipfel einer dünnen Kiefer stehen sah. Er balzte zwei – drei Strophen, verschwieg, begann aufs neue zu knappen – dann wurde er schlank, trat auf dem Ast hin und her und strich plötzlich ab. Mit lautem Gepolter hörte ich ihn aber nicht weit wieder einfallen und gleich darauf wieder voll balzen. Ich sprang ihm nach, sah ihn wieder auf einer Kiefer fußen und wieder ritt er nach einigen

Strophen ab. Diesmal schien die Reise weiter gegangen zu sein, denn ich konnte ihn nicht mehr einfallen hören und wollte daher die Jagd als aussichtslos aufgeben. Ich ging noch ein kurzes Stück in Richtung des Abfluges weiter – vielleicht bekam ich ihn doch noch zu Gesicht, falls er am Boden balzen sollte, was die Hähne, nach Sonnenaufgang gerne tun und ein am Boden balzender Hahn ist oft nur aus nächster Nähe zu hören. Eben hatte ich eine schmale Bestandslücke überquert, als ich den Hahn wieder balzen hörte – diesmal deutlich und gut vernehmbar – er mußte doch wieder aufgebaumt sein. Als ich hinter einer tief beasteten Fichte vortrat, sah ich ein Bild, das ich nie vergessen werde: auf der höchsten Spitze einer hochragenden alten Fichte, von der Sonne hell beschienen, stand der Hahn in voller Balzstellung und sang sein Lied dem jungen Morgen entgegen. Deutlich sah ich den weißen Schulterfleck, den weitgefächerten Stoß. Das Glas zeigte mir den gesträubten Kehlbart und die kaminroten Rosen. Für einen Schrotschuß war die Entfernung zu weit und beim Näherspringen mußten die weitausladenden Äste der Fichte den Wipfel und den Hahn völlig verdecken, so daß auch dann ein Schuß kaum anzubringen war. Ich entschloß mich einen Kugelschuß zu wagen, denn der freistehende Hahn bot eine herrliche Zielscheibe. Am Stamm eines Baumes strich ich an und nahm den Hahn aufs Korn. Der Wind machte einen sicheren Schuß schwer, denn der Wipfel der Fichte schwankte leicht hin und her und der Hahn mußte dazwischen die leichtgeöffneten Schwingen zu Hilfe nehmen, um auf seinem hohen Sitz das Gleichgewicht zu behalten. Nach mehrmaligen vergeblichen Versuchen glaubte ich aber doch gut abgekommen zu sein. Der Hahn warf Hals und Kopf zurück, die Schwingen öffneten sich und suchten den schweren Körper noch zu halten – dann aber stürzte der große Vogel nach hinten über und verschwand im Geäst dieser hohen Wetterfichte. Langsam ging ich dem Balzbaum zu, stand aber gleich darauf am kleinen Bach, der die Grenze zwischen dem Revier Schwarzhof und dem Nachbargut Serbigall bildete.

Der Hahn aber lag darüber, jenseits der Grenze, am Stamm der alten Fichte. Ich hatte ihn, sozusagen ›über die Grenze‹ geschossen. Die zuständige Buschwächterei des Nachbarreviers lag etwa zwei Werst vom Ort meiner Tat entfernt und ich beschloß daher hinzugehen, den ›gewilderten Hahn‹ dort abzuliefern und dem Nachbarn nach meiner Rückkehr nach Schwarzhof telefonisch von meinem Mißgeschick Mitteilung zu machen. Es kam aber alles anders, als ich es mir gedacht hatte. Petersen, der auf meinen Schuß auch herangekommen war, schickte ich mit dem ersten Hahn zurück zur Buschwächterei, wo er meine Rückkehr abwarten sollte.

Als ich in der Serbigallschen Buschwächterei anlangte und mit Gewehr und Hahn auf dem Rücken, das Zimmer betrat, saß der Nachbar, Baron Vietinghoff in höchsteigener Person am Tisch. Er war eben erst, mit zwei geschossenen Hähnen, von der Birkhahnbalz zurückgekommen. Sein Erstaunen, mich so unerwartet und plötzlich dort zu sehen, war groß. Als ich ihm aber den Grund meines Erscheinens erklärte und ihm den Auerhahn übergab, brach er in ein schallendes Gelächter aus.

»Das ist aber ein freudiges Wiedersehen und ein guter Grund diesen Tag ausgiebig zu feiern«, meinte er. »Sie fahren zur Strafe jetzt gleich mit mir nach Serbigall, dort schlafen wir uns erst gründlich aus, gehen Abends auf den Schnepfenstrich und trinken dann die erlegten Hähne alle tot. All mein Sträuben und meine Einwendungen halfen nichts – ich mußte mit, nachdem Buschwächter Petersen noch telefonisch davon in Kenntnis gesetzt worden war, daß ich nicht zurückkehren würde, er meinen Hengst aufs Gut schaffen und dort mitteilen solle, daß ich erst spät am Abend nach Schwarzhof zurückkehren würde.

Es wurde ein fröhlicher Tag, ein herrlicher Abend auf dem Schnepfenstrich, wo ich noch zwei Schnepfen schoß und ein ausgedehntes abendliches Tottrinken für den ›gewilderten‹ Hahn.

Als ich im ersten Morgengrauen die Fahrt nach Schwarzhof antrat, hatte ich vom Nachbarn die schriftliche Erlaubnis in der Tasche »jährlich zwei Hähne mit der Kugel über den Grenzbach zu schießen«. So etwas war nur dort möglich, wo Grenzstreitigkeiten auf der Jagd unbekannt sind und das war bei uns überall der Fall.

Ich habe dann auch wirklich noch einen Hahn auf die erlaubte Weise ›mit der Kugel über die Grenze‹ geschossen, vermutlich von derselben Fichte von deren hohem Wipfel ich schon den ersten ›Grenzhahn‹ herunter geholt hatte.

Max und Moritz

Auf dem kleinen Bauernacker, der verlassen und einsam am Rande des großen Moores lag, balzten sie beide – ›Max und Moritz‹, die beiden blauschwarzen Birkhähne, mit den stark gebogenen Sichelfedern im Stoß. Sie hielten nichts von der großen Gesellschaftsbalz im Moor, auf der sich jeden Morgen fünfzehn bis zwanzig Hähne zusammenfanden. Als alte Hagestolze waren sie Verächter von Ansammlungen und Geselligkeit, die lieber allein oder in kleinster Gesellschaft ihre Tage verbrachten und auch zur Zeit der Liebe gesondert für sich zu bleiben wünschten. Dabei vertrugen sie sich untereinander auch nicht gut, denn öfter hatte ich sie mit lautem »err-quarr« aufeinander losfahren sehen, so daß sie, aufflatternd, wie schwarz-weiße Bündel in die Höhe fuhren und etliche Federn am Kampfplatz blieben. Damit hatten sie ihren gemeinsamen Balzbereich erst richtig abgegrenzt, bevor ein jeder für sich sein Gebiet beherrschte und des anderen Grenzen respektierte.

Sonst schienen sie aber doch unzertrennlich zu sein, denn in der Dämmerung des erwachenden Tages fielen sie fast immer gleichzeitig auf ihrem Balzplatz ein; strich der eine bei steigender Sonne endgültig ab, so folgte unweigerlich auch sofort der andere.

Ich sah die beiden Hähne zum ersten Mal an einem frühen Morgen Anfang April, als ich mit einem aus dem Schirm erlegten Hahn vom großen Balzplatz im Moor heimwärts ging. Schon von weitem hörte ich das rhythmisch-tiefe Kullern der Hähne, unterbrochen von pfeifend-hartem Zischen und Blasen. Mit dem Glase konnte ich sie gut beobachten und auch unschwer feststellen, daß es sich um zwei besonders starke und alte Hähne handelte. Denn kein weiterer Hahn war in ihrem Balzbereich zu sehen – sie waren Alleinherrscher, die jeden Eindringling abschlugen und vertrieben.

Sofort stand mein Entschluß fest, nur diese beiden Hähne zu erbeuten. Nicht von einem Schirm aus, was mehr als einfach ist – nein – ich wollte ihnen jede Chance geben und Instinkt, Gewandtheit und Scharfsinn gegeneinander ausspielen. – Sie sollten in ehrlichem Zweikampf einer Pürsch, ohne Hinterhalt, Versteck oder künstliche Deckung, erlegt werden.

Hätte ich damals geahnt, wie viele schlaflose Nächte, wie viele mehr als beschwerliche weite Wege im nächtlichen Dunkel und wie viele Stunden bitterer Kälte ich auf mich genommen hatte – wer weiß, ob ich diesen Entschluß gefaßt hätte. Aber unbeschwerte Jugend und glühende Jagdpassion überwanden alle Schwierigkeiten und Mühen und ließen zuletzt in der Freude des Sieges alle Unbillen vergessen.

Einige Tage später versuchte ich mein Heil bereits zum ersten Mal. Der Anmarsch vom Gutshof war weit und führte in dunkler Nacht am See entlang, durch nasse Wiesen und finsteren Wald. Schon an diesem ersten Morgen mußte ich feststellen, daß Max und Moritz ihren Balzplatz nur zu gut gewählt hatten, denn keine Deckung durch Baum oder Strauch, kein Graben, ja nicht einmal eine leichte Bodenfalte gaben dem pürschenden Jäger Schutz, und nicht umsonst heißt es ja vom Birkhahn, er hätte auf jeder Feder ein Auge.

Der Acker lag flach und deckungslos am Rande des Moores, nur zwei alte Fichten standen am südlichen Ende der Fläche. Schon auf dem Hinwege hörte ich die beiden Hähne blasen und zischen und noch in völliger Dunkelheit kullern. War ein Herankommen auf Schrotschußweite vielleicht im Schutz der Nacht möglich oder ein Ansitz in einem flachen Schollenloch, lange vor der Dämmerung, erfolgreich?

Eine künstliche Deckung wollte ich vermeiden, denn das ging gegen meine Jägerehre, hatte ich mir doch vorgenommen, die Hähne ohne eine solche zu erbeuten, und die Erlegung aus einem Schirm wäre auch zu einfach und bequem gewesen.

Bis weit in den Morgen hinein balzten Max und Moritz, nachdem sie zur Zeit des Sonnenaufgangs für kurze Zeit verschwiegen hatten zum ›Morgengebet‹, wie der Jäger diese Pause so hübsch zu benennen pflegt. Da es außer den zwei alten Fichten im näheren Umkreis keine Bäume gab, standen die Hähne auch während der Sonnenbalz auf dem Boden und ließen dort, langgestreckt und tief über den Erdboden hingleitend, ihr dumpf rollendes Kullern hören.

Nach vielen vergeblichen Versuchen war ich wieder einmal so frühzeitig zum Balzplatz gekommen, daß noch nichts das Nahen des Morgens ankündigte. Völlige Stille lag über dem Acker und dem angrenzenden Moor, in dessen Weidenbüschen und Wacholdern der erste leichte Morgenwind sein zartes Lied sang. Ich wollte heute alles auf eine Karte setzen, auch auf die Gefahr hin, die Hähne gänzlich zu vergrämen. Der Länge nach legte ich mich in einer kleinen, flachen Bodenfalte auf den Boden. Mitten im Acker, den Drilling unter dem Arm, den Hut tief in die Stirn gezogen – eine feuchte und mehr als unbequeme Lage.

Nach kurzer Zeit brauste es über mich hin, und zwei gut hörbare, dumpfe, mit hartem Flügelschlag verbundene Aufschläge zeigten mir das Einfallen der Hähne an, wobei der eine sehr viel näher sein mußte als der andere. Zu sehen war nichts, denn noch lag tiefe Dunkelheit über der Erde und nur ein zaghaft-heller Ton im Osten zeigte das Nahen des Morgens an.

Schon ertönte das erste Zischen eines Hahnes, dem sofort die Antwort des anderen folgte. Nicht lange und auch die ersten schüchternen, immer wieder unterbrochenen Kullerstrophen folgten, bis zuletzt das volle Balzkonzert mit Fauchen, Blasen und Rodeln, mit Hochsprüngen und Hin- und Herflattern einsetzte.

Allmählich wich das Dunkel, und im grauen Dämmer erkannte ich im Glase den weißen Unterstoß eines Hahnes, der, je nach Stellung, aufleuchtete und wieder verschwand. Meine Lage wurde aber allmählich unhaltbar. Kälte und Feuchtigkeit drangen von unten durch die Kleidung und die Arme taubten in der unbequemen Haltung ab. Es war auch fast ausgeschlossen, daß der Hahn bei zunehmendem Licht mich nicht eräugen würde, auch wenn er eben noch zu weit für einen sicheren Schrotschuß war – zu sehr fehlte jede Deckung.

Plötzlich rauschte es wieder über mir – ein dritter, fremder Hahn fiel nicht weit von mir ein und sicherte mit langem Hals, aufgerichtet und schlank, wie eine Flasche.

So etwas hatte ›Max‹ wohl noch nicht erlebt – ein fremder Hahn aus dem Moor war in sein Balzrevier eingedrungen. Ich sah im Dämmerlicht nur eine schwarz-weiße Kugel heranbrausen, die mit lautem Schwingengeprassel dicht neben dem Eindringling zu Boden ging. Mit zornigen Krächzlauten stürzte sich der alte Hahn, halb laufend, halb flatternd, auf den Ankömmling, der keinerlei Versuch zum Widerstand machte, sondern schleunigst in Richtung des Moores in der Dämmerung verschwand.

Erst äugte ›Max‹, wohl selbst erstaunt über seinen leichten Sieg, dem Geflüchteten nach. Dann aber zischte und blies er siegesbewußt, sprang hoch und begann zu kullern. In seiner Wut und Aufregung schien er nichts zu sehen – langsam ging der Kolben meines Drillings an die Backe und als der Platzhahn halb spitz von hinten seinen blendend weißen Unterstoß zeigte, fiel mein Schuß. Ein kurzes Schwingenschlagen, einige schwarze Federn in der Luft – dann lag der Hahn still – ich hatte ›Max‹ erbeutet. Ob etwas wie Bedauern mich beschlich, als ich den Hahn aufhob? Vielleicht, ich weiß es nicht, jedenfalls überwog die Freude am Erfolg alle Bedenken.

Drei Tage darauf war ich wieder am Balzplatz, denn ›Moritz‹ hatte sich durch den Schuß kaum stören lassen und ungerührt über den Tod seines Kumpans sein Balzlied weiter gesungen. Liebe und Tod stehen im Naturgeschehen zu nahe beieinander. Es war ein kalter, klarer Morgen. Weißer Reif bedeckte das welke Herbstgras, das unter den Füßen laut knirschte und ein leises Pürschen unmöglich machte.

Ich kam verspätet hin, der Hahn balzte bereits auf dem Acker und vom Moor her war das vielstimmige Rodelkonzert der Hähne auf dem großen Balzplatz zu hören. Unbemerkt konnte ich nicht an ›Moritz‹ herankommen – vielleicht überstellte er sich während der Sonnenbalz. So drückte ich mich am Rande des Moores in den Weiden und Porschbüschen umher.

Allmählich wurde es völlig hell. Kiebitze und Kronenschnepfen riefen und flöteten, Bekassinen meckerten, Enten klingelten vorüber, und im Moor trompeteten die Kraniche und grüßten mit lauten Fanfarenstößen die aufgehende Sonne.

Ich kroch vorsichtig bis zu den zwei alten Fichten am Rande des Ackers, wo einige Wacholder etwas Deckung boten, und beobachtete mit dem Glase den entfernt balzenden Hahn.

Nach kurzer Pause während des Sonnenaufgangs begann er sein Spiel aufs neue: Hochsprünge mit heißerem Zischen und Fauchen, Schwingenschlagen mit hochgerecktem Hals und lautes Blasen mit weit aufgerissenem Schnabel.

Dann wurde ›Moritz‹ niedrig und klein, sein Hals schwoll dick an, der Stoß fächerte sich mit stufenweise zur Seite abfallenden Krummsicheln und leuchtend weißem Unterstoß. Mit trippelnden Schritten, dicht am Boden, glitt der Hahn hin und her, während sein rollendes, weit klingendes Rodeln sich in den Chor der anderen Frühlingssänger mischte. Die Sonne stieg höher und ihr Licht färbte bereits die Wipfel der alten Fichten mit rötlichem Schein.

Da sauste er plötzlich heran und ehe ich wirklich erkannte, was es war, fiel ›Moritz‹ mit lautem Geprassel über mir auf dem Wipfel des Baumes ein, um sofort seinen Balzgesang fortzusetzen. Vorsichtig hob ich den Kopf – da saß der Hahn in all seiner stahlblauen Schönheit, mit leuchtend roten Rosen und weißem Unterstoß, von der Sonne voll beschienen, über mir. Durfte ich dies herrliche Bild durch einen Schuß beenden? Aber welcher Jäger hätte da nicht geschossen – so eine Gelegenheit bot sich kaum zum zweiten Mal.

Im Schuß prasselte der Hahn durch die Äste und schlug dumpf im Beerenkraut auf den Boden – Max und Moritz hatten ihr Spiel verloren, ich war der Sieger und beide alten Hähne waren mein.

Als Stilleben präpariert hingen sie später an der Wand, inmitten meiner Geweihe und Gehörne und erinnerten mich immer wieder an die Frühlingsmorgen am Moor. Der kleine Acker aber blieb leer – kein Hahn balzte mehr auf ihm, wie das Max und Moritz getan hatten, obwohl beide bitter verfeindet waren.

Haselhühner

Das Haselwild war eine im ganzen Baltikum weit verbreitete Wildart, die in jedem, ihm einigermaßen zusagenden Revier, zu finden war. Da das Haselhuhn ein heimlicher Vogel ist und sich meist in dichten Nadel- und Laubholzbeständen aufhält, ist es viel seltener zu beobachten als seine großen Vettern Auer- und Birkwild. Es wurde damals auch von vielen Jägern wenig beachtet. Zwar wurden auf der Suchjagd auf Waldschnepfen und Birkwild gelegentlich vor dem Hunde einige Hühner geschossen, auch auf herbstlichen Waldtreiben oft erlegt – eine systematische Bejagung fand aber kaum statt. Nur wenige Jäger, die aus Passion die reizende Lockjagd auf dieses Wildhuhn ausübten, hatten größere Strecken zu verzeichnen.

Der Schuß auf streichende Haselhühner gehört zu den schwersten und gelingt nur guten Schützen. Es kam aber oft vor, daß dies Wild im Treiben, vor dem überfliegen von Schneisen, Wegen oder Blößen, auf denen die Schützen angestellt waren, aufbaumte und dann natürlich mühelos geschossen werden konnte. Es kamen dann sowohl Hähne als auch Hennen zur Strecke, was in Anbetracht der monogamen Lebensweise dieses Wildhuhns bedauerlich war. Da aber der Abschuß im allgemeinen sehr gering war und in keinem Verhältnis zum häufigen Vorkommen stand, spielte die Erlegung von einigen Hennen kaum eine Rolle. Und doch nahm der Bestand dieses Wildes zwar langsam, aber doch stetig ab. Woran das lag, ist schwer zu sagen, da die Wälder in ihrer Bestandszusammensetzung sich kaum veränderten und auch Verluste durch Raubzeug sicher nicht der Grund waren, hatte es doch früher genauso viel, wenn nicht gar mehr Füchse, Marder, Dachse, Habichte und Sperber gegeben. Ich kannte Waldparzellen, in denen jedes Jahr ein Haselhuhnpaar brütete und sein Gesperre großzog. Aber im Spätherbst verschwanden die Junghühner und nur das alte Paar blieb am Brutort zurück, obwohl die weitere Umgebung zur Ansiedlung weiterer Paare durchaus genügend erschien und weder ein Abschuß noch Dezimierung durch Raubwild stattgefunden hatte.

Es gibt kaum etwas reizenderes als junge Haselhühner. Nur einige Tage alt, sind sie schon im Stande kurze Strecken zu fliegen und aufzubaumen. Stößt man zufällig auf so ein Gesperr, steht zuerst die alte Henne auf, streicht niedrig und scheinbar unbeholfen eine kurze Strecke fort und fällt dann, sich fluglahm stellend, wieder ein. Sucht man dann genau nach, so purren auch sehr bald die sich zuerst drückenden sperlinggroßen Junghühnchen hoch und baumen, oft vier bis fünf nebeneinander, auf einem waagerecht niedrigen Ast auf, um von dort den Störenfried zu beäugen – ein seltenes Bild.

Das Gesperre hält bis in den Oktober hinein zusammen. Ende August lebt es schon im loseren Verbande und paart sich im Spätherbst, so daß man zu Beginn des Winters nur noch Paarhühner oder einzelne überzählige Vögel, insbesondere Hähne, findet. Daher gibt es auch schon im Herbst Paarungskämpfe unter den jungen Hähnen, die sich durch lautes Locken und Pfeifen (Spissen, wie der Jäger es nennt) gegenseitig herausfordern.

Der Ruf des Haselhahns ist ein hoher Pfiff in drei Tonstufen und lautet etwa Zick – Zick – Zitzerizeck, während die Henne mit leiserem tieferen Tütü – Tüti – Ti lockt, das aber hauptsächlich im Frühling zu hören ist, wenn auch noch Kämpfe um Hennen stattfinden, da Hähne fast immer in der Überzahl vorhanden sind. Der Hahn ist am tiefschwarzen Kehlfleck gut zu erkennen, auch sonst ist er lebhafter gefärbt, als die mehr graue Henne, insbesondere die halbmondförmigen rostroten Flecken an den Seiten fallen auf und die aufgestellte Holle auf dem Kopf wirkt größer und voller.

Das Haselhuhn bevorzugt Mischwald, besonders alte Espenbestände, die mit Fichten und Weißerlen unterbaut sind und wo der Boden mit Beeren und Unkraut bedeckt ist. Im Winter findet man es auch in dichten Kiefernstangen, Holz- und Fichtendickungen, wo es die zarte Nadel und insbesondere die Knospen der Laubsträucher äst. Der Flug des Haselhuhns ist rasend schnell. Gewandt wirft es sich zwischen den Stämmen hindurch und versteht es meisterhaft sich in den Baumkronen zu drücken, wo es, meist auf einem Seitenast, dicht am Stamme angeschmiegt, aufbaumt. Dabei hat es die Gewohnheit erst durch einen dichten Nadelholz-Wipfel hindurchzustreichen und erst im nebenstehenden Wipfel einzufallen, so daß man das Huhn im ersten Baum vergeblich sucht, während es bei Annäherung plötzlich vom zweiten Wipfel abstreift.

Haselwild läßt sich gut treiben, streicht vor den Treibern ein kurzes Stück fort und baumt dann wieder auf, besonders ehe es Schneisen, Wege und Blößen überfliegt. Wie zahlreich das Haselhuhn im Baltikum noch vorkam, bewiesen einzelne Tagesstrecken von zehn bis zwölf und mehr Hühnern auf herbstlichen Waldtreibjagden.

Auf einer Jagd auf dem Gute Rappin am Peipussee, Besitzer Harald von Sivers, wurden sogar an einem Jagdtage neunzehn Hühner geschossen, von denen sieben Stück auf mich entfielen, davon fünf Hühner auf einem Stande.

Wie schon gesagt wurde die reizende Lockjagd auf den Haselhahn nur von wenigen Jägern regelmäßig ausgeübt. Wenn dies aber der Fall war, dann mit um so größerer Passion. Locken kann man sowohl im Frühling auf überzählige Hähne. Da diese immer in der Mehrzahl vorhanden sind, schadet der Abschuß des Hahns von einem Paar auch nicht viel.

Zum Locken wurden kleine knöcherne oder Metallpfeifen benutzt, die man überall in den einschlägigen Geschäften kaufen kann. Aber meist hatten die gekauften Locken einen zischenden harten Ton, waren auch oft zu hoch gestimmt. Daher sind selbstgefertigte Locken bei weitem besser und bei einiger Geschicklichkeit und vor allem guten Gehör, sind sie leicht herzustellen. Ich habe die knöchernen Pfeifchen immer den Metallocken vorgezogen, da sie einen weicheren Ton haben und angenehm im Gebrauch sind. Aus Gänse-, Kolkraben- oder Hühnerhabicht-Flügelröhrenknochen, ließen sich die besten Locken schnitzen, ebenso aus Hasen-Oberarmknochen. Am unteren Ende wird in den Knochen ein kleines Loch gebohrt, durch das ein grünes Schnürchen gezogen wird, mit dem die Locke dann auf der Jagd an einem Rockknopf befestigt werden kann.

Die beste Zeit zum Locken im Herbst ist der frühe Morgen bis in den Vormittag hinein. Windstille, sonnige Tage nach kalten Nächten Ende September bis Mitte Oktober eignen sich am besten zu dieser

Jagdart, besonders wenn sie windigen, regnerischen Tagen folgen. Im Frühling sind die Morgen- und Abendstunden am aussichtsreichsten und ich habe so manchen Hahn vor dem abendlichen Schnepfenstrich oder am Morgen nach der Auerhahnbalz, mit dem knöchernen Pfeifchen betört und erlegt. Auch allerlei unvorhergesehene Überraschungen bietet bisweilen diese Lockjagd, denn Fuchs, Marder und Hühnerhabicht stehen auf den Pfiff zu. Ich kenne sogar einen Fall, daß ein Fischotter geschossen wurde, der, vorsichtig anschleichend, aus einem Waldbach stieg und den lockenden Jäger bis auf kürzeste Entfernung anlief. Auch ein Steinadler stand einem Jäger zu, wurde aber unbeschossen belassen, da die Adler in dem Revier noch als seltenes Naturdenkmal zu horsten pflegten.

Wenn sich im September in kalten Nächten die Birken goldgelb und die Espen blutrot färbten und tagsüber die Sonne noch warm vom wolkenlosen Himmel strahlte, war die Zeit gekommen auf den schwarzkehligen kleinen Hahn zu waidwerken.

Früh um fünf Uhr breche ich vom Hause auf, fahre mit dem Boot über den See und gehe dann, bei aufgehender Sonne, dem Walde zu. Die Nacht ist kalt gewesen, Nebelschleier wogen über dem Wasser und weißer Reif liegt auf Gras und Jungsaat. Nach kurzer Wanderung erreiche ich die ausgedehnten Espenbestände, die mit Fichten, Birken, Weißerlen und allerlei Strauchwerk untermischt, ein Lieblingsaufenthalt der Haselhühner sind.

Es ist still im Walde, nur das Rufen der Gänse hört man aus der Luft, in unerreichbarer Höhe, wo die Phalanx der grauen Wanderer am Himmel gen Süden zieht.

Strahlender Sonnenschein liegt über dem bunten Walde, weiß glitzert noch nächtlicher Reif auf Beerenkraut und Fallaub. Am Rande der Wolfswiese gehe ich entlang und biege dann die breite Schneise ein, die den Espenwald durchschneidet. Leise pirsche ich ein Stück vor und setze mich dann unter einige hohe Espen auf einen moosüberwucherten Baumstumpf. Links zieht sich dichtes Unterholz hin, junge Fichten, Weißerlen und Hasel während vor mir das Gelände frei wird, wo goldene Sonnenwipfel über den Boden spielen. Der Drilling liegt auf den Knien, neben mir meine gelbrote Pointerhündin ›Käthe‹.

Ich nehme die Knochenpfeife aus dem Lederfutteral und knüpfe die Schnur am Westenknopf fest. Eine Zigarettenlänge werde ich noch warten, um jedes Mißtrauen des Wildes zu zerstreuen. Nach etwa zehn Minuten greife ich zur Locke und zart – leise, aber doch gut hörbar, tönt der Hahnenruf durch die Stille des Morgens. Dreiviermal spisse ich, dann hört man ein plötzliches dumpfes Schwingenbrausen. Ein Haselhahn hat die Aufforderung gehört und angenommen.

Jetzt antwortet er erregt und schnurrt auf meinen Ruf näher heran. Sehen kann ich noch nichts – doch auf dem Boden steht vor mir ein dicht belastetes Fichtchen, aber auch dort heißt es regunglos aufpassen. Dann pfeife ich nochmals – wieder antwortet der Hahn, dann folgt ein kurzes Schwingenschnurren und ich sehe den Hahn aus dem Geäst einer Fichte zu Boden gehen und im braunen Grasgewirr verschwinden. Aber gleich darauf erscheint er auf einer sonnenbeschienenen kleinen Blöße.

Mit langgestrecktem Halse, die Holle auf dem Kopf steil aufgestellt, sichert der bunte Vogel zu mir hinüber. Nun springt er auf einen Wurzelstock, richtet sich hoch, lüftet leicht die Schwingen, stellt den Stoß halbschräg und etwas gefächert auf und ruft mit weit geöffnetem Schnabel mir seinen Kampfruf zu, wobei sich die tiefschwarze Kehle dick aufbläht. Ein reizender Vogel – fast tut es mir leid auf ihn zu schießen. Aber dann überwiegt doch die Jagdleidenschaft. Langsam nehme ich den Drilling hoch und schon tönt das warnende »Tritt-Tritt« des mißtrauischen Hahnes, begleitet vom ruckartigen Wippen des Stoßes. Dann rollt der Schuß und schwingenschlagend kippt das Hähnchen vom Stumpen. Ich lasse ›Käthe‹, die alles ohne Bewegung mit angesehen hat, zur Belohnung den Hahn apportieren, was sie – behutsam zufassend – rutewedelnd tut und sich vorschriftsmäßig, mit der Beute im Fang, vor mich hinsetzt. Der Hahn kommt, mit den Ständern angeschlauft, von außen an den Rucksack, um abzuhängen und nicht gedrückt und beschmutzt zu werden. Dann setze ich meinen Weg fort.

An einer sonnigen Blöße am Rande einer Dickung, versuche ich wieder mein Heil. Zwar antwortet sehr bald ein Hahn, aber er scheint keine Lust zu haben sich dem vermeintlichen Gegner zu stellen und kommt nicht näher. So gebe ich diesen Platz bald auf und gehe weiter. An einem breiten Abzugsgraben, auf dessen Rand der ausgehobene moorige Sand liegt, finde ich verschiedene Huderstellen, flache Vertiefungen im Sande, in denen Haselhühner ein Staubbad genommen haben, wie einzelne verstreute Brustfedern zeigen. Da beschließe ich hier nochmals zu locken. Und kaum habe ich zweimal gespisst, so höre ich auch schon den bohrenden Schwingenschlag eines anstreichenden Hahnes. Auf meinen erneuten Pfiff antwortet er laut, hart, in langer Strophe – sicher ein alter Hahn, der keinen Rivalen in seinem Revier duldet. Wieder locke ich, wieder antwortet der Hahn – dann folgt ein hartes Brausen und vor mir baumt der Hahn auf dem langen Seitenast einer Fichte auf.

Aufgeregt läuft er den Ast entlang, die Holle aufgestellt und den Stoß gefächert. Mein Schuß wirft ihn ins Gras und gleich darauf hängt auch er am Rucksack – ein starker alter Hahn, mit tiefschwarzer Kehle und herrlich rostroter Zeichnung an den Seiten der Brust. Mehr Hähne schieße ich nicht, denn Massenstrecken gehören nicht zu dieser Jagdart, die ich immer als ›Hochwildjagd‹ empfunden habe. So mache ich noch einen weiten Bogen durch das Revier, finde eine Waldschnepfe, die ›Käthe‹ vorstand, die aber so schnell abstreift, daß ich nur noch eine Schnappschuß nachwerfen kann, der den Vogel nicht mehr faßt.

Im Spätherbst traf ich Haselhühner an Örtlichkeiten, die weit ab von ihrem sonstigen Standort lagen, so zum Beispiel im Park in Schwarzhof, der zwei bis drei Kilometer vom nächsten Wald entfernt war oder im Ufergebüsch am Fluß, der vom nächsten Walde noch weiter entfernt lag. Ich glaube, daß dies umherziehende Junghühner sind, die neue Standorte suchen. Auch konnten sie durch Raubvögel versprengt sein, doch scheint mir das nicht wahrscheinlich, da sie dann nicht so weite Strecken über Felder zurückgelegt hätten, die das Haselhuhn sonst auch nach Möglichkeit meidet.

Rußland beherbergt noch sehr reiche Bestände dieser Wildart und in Schlingen gefangene und eingefrorene Haselhühner kamen zu Tausenden auf die Märkte in Petersburg, Moskau, Riga und allen größeren Städten und waren in allen besseren Restaurants auf der Speisekarte zu finden. Denn ›Kaltes Haselhuhn‹ mit ›Presskaviar‹ galt als höchste Delikatesse.

Kurländische Rehböcke

Mein Freund Graf Ralf Lambsdorff und ich hatten im Jahre 1912 gemeinsam den Abschuß von Böcken im staatlichen Revier Angern in Kurland auf zwei Jahre gepachtet. Die Kosten waren lächerlich gering, denn jeder von uns mußte 48 Rubel, etwa 96 Mark, für die Gesamtdauer der Pacht bezahlen, laut welcher wir berechtigt waren 20 bis 25 Böcke jährlich zu erlegen.

Das staatlich-russische Revier war etwa 8000 Morgen groß und da es an das Eigenrevier von Lambsdorff grenzte, hatten wir keine Quartiersorgen und konnten bequem und rasch von dort in unsere Pachtjagd gelangen. Landschaftlich war das Revier wunderhübsch, da es an dem großen Angerschen See im Norden Kurlands angrenzte, der, in seiner Ausdehnung von 22 Kilometer Länge und 6 bis 8 Kilometer Breite einer der größten Binnenseen im Baltikum war.

Viele Wiesen, buschbewachsene Schleusen, Moore und kleinere Seen unterbrachen den Wald und boten dem Rehwild ideale Lebensbedingungen. Nadelwald wechselte mit prachtvollem gemischten Laubwald, bestehend aus Schwarzahorn, Birken, Eichen, Eschen, Aspen, Linden und Ebereschen und allerlei buschartigem Unterholz, wie Weiden, Haselbüsche usw.

Das lange Seeufer hatte eine geradezu tropische Vegetation, die so dicht war, daß man von den wenigen Schneisen und Wegen, die das Revier durchzogen, kaum Einblick in den Bestand gewinnen konnte. Als große Seltenheit kam dort noch die Eibe vor, die sonst kaum mehr in baltischen Wäldern zu finden war. Auch an Wild war so ziemlich alles vertreten, was in jenen Zonen beheimatet war, beginnend mit dem Elch bis zum Schneehasen und Fischotter, vom Auerwild bis zur Bekassine und dem Haselhuhn. Schwarze Störche horsteten dort in vielen Paaren, ebenso Graureiher, schwarze Milane, Schreiadler, Fischadler und Uhu und alle die anderen Raubvögel, die das Naturbild so anziehend machen.

Auch Schwarzwild kam hin und wieder vor, eingewechselt aus Südkurland, wo es von zwei passionierten Großgrundbesitzern im Jahre 1907 in ihren Revieren ausgesetzt worden war und sich, neben

Rotwild, sehr gut vermehrt hatte und in späteren Jahren ganz Kurland, ja sogar Südlivland bevölkerte.

In dieser Umwelt konnten gute, ja kapitale Böcke heranwachsen, während ein Ausmachen und kennenlernen der einzelnen Böcke praktisch völlig unmöglich war und man daher immer Überraschungen erleben konnte. Die Bockjagd ging damals in Kurland am ersten Mai auf und so starteten wir mit Lambsdorff von seinem Gut Bresilgen aus mit großen Erwartungen zum ersten Pirschgang ins neue Revier.

Wir meldeten uns zuerst beim Oberförster Ilenda, einem gebürtigen Litauer, einem wohlgenährten jovialen Herren, dessen gerötete Kartoffelnase man die Liebe zum Schnaps und anderen alkoholischen Getränken von weitem ansah. Auch sonst war Ilenda kein Kostverächter, denn die Speisen, die wir bei ihm vorgesetzt erhielten, waren sowohl quantitativ als auch qualitativ ganz auf der Höhe. Jäger war Ilenda nicht, ihn interessierte das erlegte Wild nur insoweit, als daß man es für die Küche brauchen konnte oder durch Verkauf einige gute Rubel einbrachte. So hat uns dieser Herr auch nie auf die Jagd begleitet, geschweige denn uns sonst irgendwelche Schwierigkeiten in unseren Plänen gemacht. Dafür mußten wir aber öfters bei ihm einkehren, wobei sich die Mahlzeiten bei viel Schnaps, guten Weinen und ausgezeichneten Imbissen und Speisen oft stundenlang hinzogen und anschließende Kartenpartien bisweilen vom Abend bis zur frühen Morgenpirsch dauerten.

Wir hatten das Revier nach der Karte in zwei Hälften geteilt, die sich durch einen durchfließenden Bach von selbst ergaben und pirschten dann abwechselnd, jeder für sich, während wir zur Blattzeit zumeist gemeinschaftlich jagten. Ich muß sagen, daß die Pirschen dort mit zu den schönsten Erinnerungen meines Jägerlebens gehören und nur der Ausbruch des Weltkrieges 1914 verhinderte die weitere Pachtung dieses herrlichen Revieres.

Außer auf Böcke, die wir nach Abschlagen der Gehörne alle bei Herrn Ilenda ablieferten, hatten wir freie Flinte auf alles Niederwild und mancher Birkhahn, manches Haselhuhn, viele Enten, Bekassinen und Waldschnepfen konnte ich aus diesem Revier in mein Jagdbuch eintragen. Leider ist uns in den zwei Jahren kein Stück Schwarzwild vor die Büchse gekommen, auf das uns Ilenda, in Erwartung eines Schweinebratens, auch noch Abschußerlaubnis gegeben hatte. Gefährtet haben wir oft einzelne Stücke, alte Einzelgänger – Keiler, die vier bis fünf Zentner wogen und steinalt werden konnten, da kein Mensch auf sie jagte.

Hochsitze waren im Revier nicht vorhanden, den Ansitz übten wir auch selten aus, denn die Pirsch war dort die gegebene Jagdart und versprach beim starken Wildstand auch mehr Erfolg. Gehörnbildung war gut. Meist trugen die Böcke recht hohe Stangen, mit gut ausgebildeten Sprossen und breiter Auslage. Nur die Perlung ließ zu wünschen übrig und war nicht stark. Dafür wogen die erlegten Böcke, aufgebrochen, im Durchschnitt 55 deutsche Pfund. Der stärkste von Lambsdorff dort erlegte Bock, hatte sogar das stattliche Gewicht von 61 Pfund.

Lambsdorff und ich fuhren meist am späten Nachmittage mit dem Wagen von Bresilgen aus ins Revier, pirschten dann abends, übernachteten oftmals in der Oberförsterei oder auch in einem der vielen kleinen Heuscheunen auf den Waldwiesen, pirschten am Morgen wieder und kehrten dann nach Bresilgen zurück. Die eingesprengten Wiesen und Lichtungen waren ein ideales Pirschrevier und besonders im Mai stand abends und morgens alles Rehwild draußen. Nach der Heumaht wurde das allerdings anders, da die Rehe dann im Bestande waren und bessere Äsung dort fanden, als auf der gemähten Wiese. Aber schon Mitte August, nach der Brunft, traten die Böcke wieder aus und manch guten Bock, der in der Blattzeit nicht vor die Büchse gekommen war, erlegten wir noch im Herbst. Zwanzig bis dreißig Stücke Rehwild konnte man auf vielen Morgen- oder Abendpirschen beobachten, darunter zehn bis zwölf Böcke, da das Geschlechtsverhältnis wohl eins zu zwei oder sogar eins zu eins war.

Die ersten Jagdtage dienten zur Orientierung im fremden Reviere. Platz- und Hegestellen gaben bald Aufschluß darüber und zeigten uns, welche heimlichen Ecken und Winkel von den guten Böcken bevorzugt wurden. Wirklich alte starke Böcke traten in der Regel erst spät am Abend aus und ziehen morgens wieder früh zu Holze. Man mußte dann abends bis zum letzten Büchsenlicht draußen sein und morgens schon bei erster Dämmerung.

Wie unendlich schön waren diese Abende und Morgen, die ich in diesem Reviere verbracht habe. Zu sehen und zu beobachten gab es immer genug, denn alles Wild und Raubzeug zeigten sich dann dem pirschenden Jäger. So kam ich eines Morgens an eine schmale Wiese, in deren Mitte ein von Erlen und Birken umsäumter Bach floß. Da man vom Flüßchen aus bequem die beiden Wiesenhälften bis zum angrenzenden Hochwalde beschießen konnte, pirschte ich langsam am Bach entlang. Die Erlen und das Weidengestrüpp gaben gute Deckung, so daß ich unbemerkt und mühelos vorwärts kam. Hier stand eine Ricke in der Wiese, dort ein schwächerer Bock. Aus dem

hohen Grase am Waldrand lukte der Kopf eines Auerhahns hervor, dessen scharfe Lichter doch wohl eine Bewegung von mir wahrgenommen hatten und der nun, zischend, die ungewohnte Erscheinung musterte. Von Zeit zu Zeit trat ich vorsichtig an den Rand der Erle und suchte mit dem Glase die beiden Wiesenhälften genau ab, um einen plötzlichen Zusammenstoß mit Wild zu vermeiden. Bald zeigte mir mein Glas einen guten Bock, der eben aus den hohen Fichten auf die

Wiese trat und erst vorsichtig sichernd, bald arglos zu äsen begann. Behutsam pirschte ich in Deckung der Erle näher und setzte mich dann in Höhe des Bockes am Grabenrande nieder, um mir erst noch in Ruhe das Gehörn mit dem Glase anzuschauen. Noch mit der Beobachtung des Bockes beschäftigt, sah ich plötzlich einen Schatten über die sonnenbeschienene Wiese gleiten und gewahrte, aufblickend, einen Steinadler, der in Baumhöhe die Wiese überstrich und fast gerade über den äsenden Bock auf einer Fichte fußte. Es war ein selten herrliches Bild, den gewaltigen Vogel dort sitzen zu sehen. Mein Glas zeigte mir deutlich jede Einzelheit, die spitzen, goldenen Federn im Nacken, die tief befindlichen, stark behaarten Fänge und das herrliche, große dunkle Auge des gewaltigen Räubers. Ich hatte noch nie einen Steinadler geschossen und die Versuchung, ihn zu erlegen war groß. Was sollte ich tun? Ich hatte die Wahl zwischen Adler und starkem Bock.

Nach kurzem Kampf überwog dann doch das Mitleid mit dem Adler, er war ein Naturdenkmal und ein seltenes, denn auch in jenen Breiten war er nicht mehr so häufig, wie noch vor Jahrzehnten. Es konnte sich bei diesem Vogel auch nur um einen Durchzügler handeln, denn ein beflogener Horst war in der dortigen Gegend nicht bekannt. Aber Adler blieb Adler – er war lebend in voller Freiheit schöner als ausgestopft an der Wand – so sollte er leben bleiben. Wohl zehn Minuten besah ich mir noch den Adler, dann breitete er seine gewaltigen Schwingen aus und schwebte, sich langsam hochkreisend, immer höher, bis er hinter dem Walde meinen Blicken entschwand. Später erfuhr ich, daß im Revier Neuhausen, jenseits des Sees, ein Steinadlerpaar seit zwei Jahren einen alten Horst wieder neu bezogen hatte und jährlich ein junger Adler unter strengster Schonung des Revierinhabers, Baron Fircks, und sorgfältiger Geheimhaltung des Forstes großgeworden war.

Mein Bock war unterdessen, äsend langsam weitergezogen, so daß ich im Schutze des Grabens zurückpirschen mußte, um wieder auf gleiche Höhe mit ihm zu kommen. Das Gehörn war 25 cm hoch, mit guten Sprossen, aber eng gestellt. Einen zweiten sehr guten Bock, schoß ich zwei Tage später. Ich pirschte am Abend eine schmale Lichtung hinauf, die mit Erlen, einzelnen Kiefern und allerlei Buschwerk und Wachholder bewachsen war, so daß man nur wenig Ausblick hatte und man nur zu leicht mit dem Wilde plötzlich zusammen treffen konnte.

Um dies zu vermeiden blieb ich alle 15 bis 20 Schritte stehen, musterte aufmerksam die nahe und weite Umgebung und wartete geduldig zehn Minuten, ob nicht ein Stück Wild zwischen den Büschen hervortreten würde. An einigen Ricken war ich ziemlich gut vorbeigekommen, ein Bock war abgesprungen, ohne daß ich feststellen konnte, was er auf dem Kopfe hatte. Nun lukte ich hinter einem Wachholder eine kleine Blöße vor mir ab. Da sah ich plötzlich auf ungefähr 15 Schritt aus dem Astgewirr der Buschweiden ein Gehörn auftauchen, dann erschien der Grint des Bockes und ein Stück des Trägers. Sekundenlang sicherte der Bock, dann verschwand alles wieder im grünen Blättergewirr. Zum Ansprechen hatte ich genug gesehen, der Bock war stark. Wieder tauchte für einen Moment das Gehörn auf, Grint und alles übrige blieb verdeckt – aber an der Stellung der Stangen sah ich, daß der Bock spitz auf mich zuzog. Ich stand mit angeschlagener Büchse, bereit zum Schuß, da schwankten die Zweige vor mir und nur auf acht Schritt wurden Widerriß und Blatt des Bockes frei. Mein Schuß brach, zu sehen war nichts, aber das Schlagen und Schnellen sagte mir, daß das Wild in der Fährte zusammengebrochen war. Als ich herantrat war der Bock verendet. Das Gehörn erwies sich als sehr gut, Stangenlänge 27 cm, dick und klobig der ganze Aufbau und dunkelbraun in der Farbe mit gleichmäßiger, schöner Perlung bis in die Sprossen. Allzu große Freude hat mir dieser Bock nicht gemacht. Er kam mir nicht erlegt, sondern lediglich totgeschossen vor.

Unvergeßlich wird mir ein Jagdtag während der Blattzeit bleiben, an dem Lambsdorff und ich im Laufe von etwa sechs Stunden sechs Böcke erlegten. Wir waren früh aufgebrochen, da nach unserer Erfahrung die Böcke in den Morgenstunden am besten springen. Wie aber alles relativ ist, so auch hier, an dem Tage sprang kaum ein Bock und am Nachmittage sprangen die Böcke wie toll. Auf die Frage »wann springt der Bock am besten« ist die befriedigende und richtige Antwort überhaupt nicht zu geben. Auch in der Hochbrunft kann man an manchen Tagen noch so gut blatten, es reagiert kein Bock und am nächsten Tag springen die stärksten alten Böcke auf jeden Ton wie verrückt. Ausschlaggebend in vielen Hinsichten ist nach meiner Erfahrung das Wetter des nächsten Tages. Das Rehwild muß ein sehr feines Gefühl für Witterungsumschläge haben.

Wir mußten wohl gerade einen besonders guten Nachmittag erwischt haben (ich will damit nicht sagen, daß Freund Lambsdorff nicht gut geblattet hatte, denn er war in dieser Kunst ein Virtuose), denn die Böcke sprangen wie toll. Wir hatten abgemacht umsichtig zu schießen. Wir hatten uns, nachdem auf den ersten beiden Blattstellen ein Spießer und ein schwacher Sechser gesprungen waren, etwa hundert Schritt von der Deckung entfernt im Kiefernaltholz angestellt, wie immer Rücken an Rücken, ich mit dem Gesicht zur Dikkung, da ich durch das Los Anrecht auf den ersten Schuß hatte. Blatten tat jeweils der, der nicht schießen durfte.

Schon nach dem ersten Fiepblatten sah ich ein starkes, dunkelrotes Stück Rehwild aus der Dickung kommen und immer wieder, durchs Unterholz weiter wechselnd, im Bogen langsam heranziehen. Die Farbe der Decke und die ganze Figur verrieten sofort den alten Bock und auch dem vorsichtigen Benehmen nach mußte er es sein. Das Glas zeigte mir bald ein dickes schwarzes, aber nicht hohes Gehörn. Vorsichtig zog der Bock näher, immer wieder bemüht unter Wind zu kommen und mit erhobenem Grint nach Wittrung suchen. Als auf sechzig Schritt Kopf und Träger durch eine starke Kiefer verdeckt, sich sehen ließen, schoß ich. Tiefblatt abgekommen bäumte sich der Bock wie ein steigendes Pferd hoch, fuchtelte mit den Vorderläufen in der Luft und stürmte dann, tief am Boden der Dickung zu. Schon kurz bevor er das Jungholz erreicht hatte, taumelte er und brach endgültig zusammen. Es war ein uralter Bock, mit gänzlich abgeschliffenen Molaren, dessen Alter wir auf zwölf und mehr Jahre schätzten. Das Gehörn war tief schwarz, wie man es so bei Böcken aus Moorgebieten findet, nur 23 cm hoch, aber dick und knuffig, sicher schon stark zurückgesetzt. Der Bock schien trotzdem noch ein rauflustiger alter Kämpfer gewesen zu sein, denn am Halse und auch an den Seiten hatte er mehrere lange schweißige Risse, die wohl von einem Kampf mit einem Rivalen herrührten. Die Kugel hatte die Herzspitze durchbohrt, daher wohl das eigenartige Aufbäumen, das ich in dieser ausgesprochenen Art noch nie gesehen hatte. So war der Anfang gemacht, der erste Bock war zur Strecke und hing aufgebrochen und verblendet in einer Fichte. Die nächsten zwei Böcke fielen auf den nächsten Blattstellen. Beides gute Sechser mit sauberen Schüssen von Lambsdorff und mir erlegt. Nun war wieder Lambsdorff als Schütze an der Reihe, während ich blatten mußte. An einer dicht mit Weiden und Birkenbüschen bewachsenen Wiese, fanden wir überall Platz- und Fegestände. Es mußte also dort ein guter Bock stehen. Trotz schlechten Ausblicks beschlossen wir unser Glück zu versuchen und stellten uns wie immer Rücken an Rücken, an einen Weidestrauch an. Mein Fiepen blieb erfolglos – kein Bock zeigte sich. Da griff ich zum Angstschrei. Die ersten gellenden Töne waren kaum verklungen, da brach es in den Büschen und mit einer gewaltigen Flucht stand plötzlich ein Bock auf sechs Schritt neben uns. Den Äser weit geöffnet, dumpf keuchend und mit rollenden wütenden Lichtern, äugte der Bock um sich. Es war ein Bild wilder Kraft. Da brach schon Lambsdorffs Schuß. Deutlich sah ich, wie die Kugel ins Blatt einschlug. Der Bock aber blieb stehen. Dann bog er langsam den Kopf hinten über und sank langsam zur Seite. Alles war so rasch gegangen, daß ich mir das Gehörn gar nicht so recht angesehen hatte. Um so größer war die Freude, als wir feststellten, daß es sich um einen regelrechten Achter handelte, da sich beide Hintersprossen deutlich gabelten und das Gehörn acht klare Enden trug. Auch an Wildbret war der Bock sehr stark, aber sicher kein alter Bock. Der folgende Bock, den ich schoß, kam auf das Angstgeschrei aus dem gegenüberliegenden Bestande über eine breite Wiese. Es war ein herrliches Bild, den roten Bock von der Sonne hell beschienen, in den hohen Fluchten anwechseln zu sehen, um so mehr als das hohe helle Gehörn, mit blitzenden Enden, besonders prahlte. Es hielt aber nicht, was es zu versprechen schien, denn die Stangen waren dünn, schlecht geperlt und von häßlich hellgrauer Farbe. Der sechste und letzte Bock an dem Tag wäre uns fast noch entkommen. Er kam auf den Fieplaut langsam angeschlichen, immer verdeckt durch Stämme und Büsche, so daß wir nicht daraus klug werden konnten, was er auf dem Kopfe trug. Dann aber hatte Lambsdorff ihn in einem Moment frei und schoß, worauf der Bock im Feuer zusammenbrach und schlegelte. Wir traten heran und sahen deutlich den Einschuß hoch über dem Schulterblatt, ich rief Lambsdorff zu, dem Bock noch einen Fangschuß auf den Träger zu geben, denn die Kugel saß mir zu hoch und ich befürchtete einen hohen Durchschuß. Lambsdorff wollte den Bock aber abnicken, trat an ihn heran und faßte die Stangen. Im selben Moment wurde der Bock aber auch schon hoch und flüchtete, wenn auch zuerst noch taumelnd, dann aber immer rascher und sicherer der angrenzenden Deckung zu. Lambsdorff hatte seine Büchse um den Bock abnicken zu können an den Baum gestellt und konnte daher nicht so rasch schießen. So riß ich die Büchse von der Schulter und mein hingeworfener Schuß warf den schon fast verschwindenden Bock noch glücklich zu Boden, die Kugel schräg von hinten durch den Träger.

Ich glaube kaum, daß der Bock ohne meinen Fangschuß zur Strecke gekommen wäre, denn die erste Kugel hatte das Rückgrat nur gestreift und den Bock daher im Feuer zusammengeworfen ohne aber tötlich getroffen zu haben – ein typischer Hohlschuß. Von einem derartigen Schuß erholt sich der Geprellte nach kurzer Zeit und flüchtet.

Nach Erlegung dieses Bockes brachen wir die Jagd ab, es war genug. Ich bin aber überzeugt, daß wir mit Leichtigkeit noch drei bis vier Böcke an dem Nachmittage hätten schießen können, besonders, wenn wir in der Auswahl der Gehörne nicht so wählerisch gewesen wären. Insgesamt waren uns auf allen Blattstellen elf Böcke gesprungen, von denen wir sechs mit sieben Kugeln erlegt hatten. Ich habe weder vorher noch nachher die Böcke so stürmisch und prompt springen sehen, wie an dem Nachmittag. Als wir die sechs Böcke beim Oberförster Ilenda ablieferten, fiel dieser fast auf den Rücken und behauptete nicht zu wissen, wohin mit dem »vielen Fleisch«. Wir mußten dafür aber zum Abend dableiben, wobei es aus dem Abend morgen wurde und die Böcke mehr wie gut und reichlich »totgegessen« und »totgetrunken« worden waren, so daß wir auf der Heimfahrt beide in tiefem Schlaf lagen und die Mittagssonne uns erst weckte.

Im Herbst schossen wir dann noch vier Böcke, womit unser Abschuß für das erste Pachtjahr die Höhe von einundzwanzig Böcken erreichte. Bei dem starken Besatz an Rehwild, war dies nicht zuviel, um so mehr als im Winter auf zwei großen Treibjagden, wie damals in Kurland allgemein üblich mit Schrot, etwa 25 Ricken, bzw. Rehkitzen abgeschossen wurden. Auch diese Herbstpirschen waren wunderschön, denn um diese Jahreszeit traten die Rehe nur noch selten auf die Wiesen aus, sondern ästen im Hochwalde, auf Schneisen, Wegen, Stangenhölzern, auf Blößen und an Moorrändern. Besonders nach regnerischen Tagen, wenn es sich am Nachmittage gegen Abend aufklarte, bummelten die Böcke gerne umher und man konnte dann, bei vorsichtigem Pirschen im Walde, gut zu Schuß kommen.

In zwei Pachtjahren schossen wir 39 Böcke – abgesehen vom übrigen Wilde – für den Pachtpreis von 96 Rubel. Leider machte der Weltkrieg dieser Pachtung ein Ende – ich habe das herrliche Revier nicht mehr wiedergesehen.

Suchjagd mit dem Pointer

Vor dem Ersten Weltkrieg war sowohl im Baltikum als auch in Nord- und Mittelrußland bis zum südlichen Steppengürtel die Suchjagd mit Vorstehhunden auf Wildgeflügel weithin üblich. Die Wildbahnen dort beherbergten, außer allen Rauhfußhühnern, auch Rebhühner, Schlagwachteln, sämtliche Schnepfenarten sowie auch Wasser- und Sumpfvögel in großer Anzahl.

Auf den weiten Mooren, Riedwiesen und ausgedehnten Heuschlägen, zwischen eingestreuten Birken-, Erlen-, Aspen- und Nadelholzwäldern und Wäldchen, war diese Jagd so abwechslungsreich in bezug auf alles Flugwild, wie wohl kaum irgendwo sonst in eurasiatischer Wildbahn.

Die Suchjagd verlangt wie überall, ganz besonders aber in nord- und mittelrussischen Revieren, ausdauernde, flüchtige und mit feinster Nase und weiter Suche ausgerüstete Hunde. Aus diesem Grunde wurden dort zumeist Pointer- und Setterhunde geführt. Vor dem Ersten Weltkriege war der heutige feinfellige, edle Deutsche Gebrauchshund noch sehr selten. Er steht heute den englischen Hunden an Flüchtigkeit, Ausdauer und Nasenleistung wohl kaum mehr nach.

Ich persönlich habe stets Pointer geführt, die ich mir als den ›Gebrauchshund‹ erzog und welche den Letzteren in den meisten Fällen nicht nur ersetzt, sondern weit überflügelt haben. Für mich persönlich gibt es wohl keinen Hund, der, was jagdliche Leistung und Darbietung der herrlichsten Bilder bei Suche und Vorstehen betrifft, sich mit dieser Rasse messen kann, wobei ich gerne einräume, daß die sachgemäße Erziehung und Führung eines Pointers nicht Jedermanns Sache ist. Nachstehende Erzählungen sind den Eintragungen meines Schußbuches entnommen. Es sind Erlebnisse über die Suchjagd in eigenen Revieren des ›alten Baltikums‹.

Obwohl dort schon Ende Juli die Jagd auf Birk- und Moorhühner möglich war – die Schußzeit auf diese Wildarten begann bereits am 15. Juli – waren doch erst die Monate August und September die Zeit, da man mit den Hunden auf Suchjagd zog. Alles Flugwild hatte dann Schußzeit, die jungen Hähne waren geschildert und ausgefärbt. Das

Gras war auf den Wildwiesen nach dem Schnitt wieder nachgewachsen, auf den Mooren reiften Preisel-, Blau- und Kronsbeeren, deren Kraut und Früchte dem Wild gute Deckung und reiche Äsung boten, während die reifenden Hafer- und Buchweizenfelder Birkwild, Rebhühner und Fasane magnetisch anzogen.

Auf eigenem Revier hinter den Gutsfeldern, angrenzend an die »Fasanerie«, deren einzelne Fichtenremisen und Waldstücke wieder mit Ackerflächen, Wiesen und kleinen Mooren abwechselten, dehnte sich ein weites Gras- und Hochmoor, Zwergbirken, Zwergweiden, hohe Porschtstauden und Beerenbuschen bedeckten den Boden des Grasmoores, während das Hochmoor mit einzelstehenden, kümmerlichen Krüppelkiefern bestanden war, die sich aber zur Mitte hin auch verloren und Baum- und strauchloser Heide Platz machten, die nur von gelbem Moos, blauen Wasserlachen und kriechenden Moosbeerranken bedeckt war. Südlich an das Moor grenzte ein großer See, der mit seiner fast tausend Morgen großen Wasserfläche und seinen beschilften Ufern ein ideales Wasserwildrevier darstellte, um so mehr, als er noch von zwei kleineren, völlig verschilften und verkrauteten Seen flankiert und mit diesen durch einen Bach verbunden war.

»Komm, Käthe – heute wollen wir an die Gräben gehen und sehen, was sich da in der Moor-, Wiesen- und Schilfwildnis rührt. Deine unfehlbare Nase und deine weise Umsicht, werden totsicher finden, was sich dort versteckt und an mir wird es dann liegen, mit schnellem Schuß den Flug der Ausreißer zu beenden!«

Das Schultern des Gewehrs gibt ›Käthe‹, der Pointerhündin, das Zeichen, voraus zur Türe zu eilen, freudig erregt mit ihrer kerzengeraden, dünnen Rute wedelnd. Sie hat wohl verstanden und weiß, was sich nun gehört: Dicht an meiner Seite tappt sie neben mir her – nur die weitgeöffneten Nüstern ihrer breiten Pointernase vibrieren und blähen sich auf und nehmen jede kleinste Witterung auf. Erst als wir die ›Gräben‹ erreicht haben, sieht sie erwartungsvoll zu mir auf, denn nun wird es ja wohl Zeit, daß sie mit der Suche beginnen darf!

Eine Handbewegung und hinaus schießt sie auf die weite Fläche der moorigen Wiesen. Jetzt brauche ich mich nicht weiter um sie zu kümmern, höchstens daß ich ihr durch eine stumme Armbewegung eine andere Richtung weise. Wenn sie Wild findet, kommt sie und meldet, d.h., sie verweist das gefundene Wild. Das ist totsicher!

Weit über die grüne Fläche zieht ›Käthe‹ ihre weiten Bogen, mal langsamer, mal schneller – immer mit hoher Nase seitlich gegen den Wind. Was gibt es Schöneres als solches Suchenbild – wer das als Jäger nicht empfindet und sich daran nicht begeistern kann, verdient wohl nicht, es zu erleben.

Da – plötzlich stoppt die Hündin ihre fliegenden Sprünge, ganz kurz zieht sie sachte nach, dann steht sie mit vorgestrecktem Kopf und hocherhobenem Fang, kein Glied rührt sich, ein Bild, ein Modell – schöner als jede Bronze. Ich gehe langsam, das Gewehr unter dem Arm, auf sie zu. Käthe wendet langsam und kaum bemerkbar den edlen Kopf nach mir hin – sie will sich vergewissern, ob ich auch komme. Andernfalls bricht sie das Vorstehen vorsichtig ab und kehrt zu mir zurück, um mich zum Wild zu führen. Kaum bin ich herangetreten, steht dicht vor dem Hunde schwerfällig eine Doppelschnepfe auf und fällt im Schuß wieder zu Boden. Ich hatte kaum erwartet diese schlicht gezeichnete Schnepfe noch hier vorzufinden, denn sie ist die erste, die gen Süden zieht.

Man darf wohl den merklichen Rückgang des Bestandes an großen Sumpfschnepfen in ihren Brutgebieten zum mindesten in Nordeuropa – in Deutschland ist sie schon sehr selten geworden – zum guten Teil auf eine übermäßige Bejagung während der Zugzeiten im Herbst und Frühjahr zurückführen.

Weiter! ›Käthe‹ steht gleich darauf wieder vor und diesmal sind es Bekassinen, die an einer nassen Stelle zwischen den Seggen-Külpen mit hohem »Ätsch - ätsch« sich vor dem Hunde heben. Zwei dieser gewandten Flieger kann ich mit raschen Schüssen erlegen. Zwei andere retten sich durch ihren bekannten Zick-Zack-Flug, an dem so mancher Schuß vorbeihaut.

Ich gehe weiter einen breiten Graben entlang, der von den Wiesen zum Grasmoor führt, indes die Hündin bereits im hohen Porsch- und Zwergbirkengebüsch verschwunden ist. Da stehen vor mir drei Krickenten auf und streichen niedrig den Graben entlang. Die eine fällt im Schuß aufs Wasser, die Zweitbeschossene aber verschwindet mit hängenden Rudern im Moor – waidwund!

Es dauert nicht lange, da ist ›Käthe‹ bei mir, die auf meine Schüsse zurückkehrt. Sauber apportiert sie die erste Ente und verschwindet auf meinen Befehl im Weidengebüsch, weiter vor mir am Grabenrand. Doch schon erscheint sie wieder, die zweite Ente im Fang und setzt sich vorschriftsmäßig vor mich hin. Ich nehme ihr den Vogel ab, belobe den Hund für seine prompte und saubere Arbeit und schlinge die Enten an den Hühnergalgen. Noch drei Bekassinen finden wir, von denen zwei an den Galgen zu den anderen kommen, während die dritte wiederum zu flink ist.

Langsam schlendere ich am Graben weiter. ›Käthe‹ sucht unermüdlich zu beiden Seiten des Grabens im Strauchgewirr; mal sehe ich sie zwischen den Büschen, dann verliere ich sie wieder längere Zeit aus den Augen. Ich brauche mich nicht zu beeilen und in das Buschwerk nachzulaufen – je langsamer ich gehe, um so genauer kann die Hündin alles absuchen. Das Grasmoor geht allmählich ins Hochmoor über. Die Vegetation wird ärmer, das Strauchwerk verschwindet, nur einzelne, niedrige und krummschaftige Krüppelkiefern strecken ihre sperrigen, bemoosten Äste zur Seite. Erst wuchert noch hohes Blaubeerkraut zwischen den Stämmchen, das schon die schöne violettbraune Herbstfarbe der Blätter zeigt. Dann verschwindet auch dies und endlos bis zum Horizont dehnt sich das Moor, braun und strauchlos, gelb, rot und braun gefleckt durch niedrige Seggengräser und Heide. Das ist die Heimat der nordischen Moor- und Schneehühner, die – geschützt durch ihr den Moosfarben angepaßtes Federkleid auf dieser deckungslosen Fläche – ihr Dasein sicher verbringen. Ich winke meiner Hündin zurück und lasse sie ›bei Fuß‹ gehen.

Dann setze ich mich auf eine Moosbülte und rauche eine Zigarette, indes sich die Hündin ins feuchte Moos wirft. Zwei Bussarde kreisen im blauen Herbsthimmel, schrauben sich höher und höher und ziehen dann in gerader Richtung gen Süden fort. Ob sie schon auf dem Zuge sind?

Im Frühjahr vibriert hier das Moos vom rhythmischen Kullern unzähliger Birkhähne. Des Moorhahns scharf akzentuiertes »Errrekkekk-kekk-kek« tönt durch das Dunkel und morgens begrüßen die Kraniche den Aufgang der Sonne mit lauten Trompeten-Fanfaren, der wuppernde Balzflug der Bekassinen geistert in der Frühdämmerung und von irgendwoher flötet der große Brachvogel. Jetzt aber liegt das Moor weit und still. Ein einsamer Baumpieper flattert auf und ein Wanderfalke schießt in rasendem Flug in Richtung zum großen See.

Langsam gehe ich weiter aufs Moor hinaus, das Gewehr auf der Schulter, während ›Käthe‹ erneut ihre flüchtige Suche aufnimmt und in großen Bogen die weite Fläche vor mir abpendelt. Urplötzlich reißt es sie zusammen, so heftig, daß sie in völlig verkrampfter Stellung, die Vorderläufe weitauseinandergestellt, die Hinterhand fast sitzend, dasteht – unbeweglich – den Kopf hochgereckt. Ich will erst abwarten, was die Hündin weiter unternimmt – bleibt sie in dieser Stellung, dann liegen die Hühner dicht vor ihr. Aber es geschieht nichts, außer daß ›Käthe‹ mit äußerster Vorsicht ganz unmerklich den Kopf wendet und zu mir herüberzuschielen versucht. Daran erkenne ich, daß das Wild festliegt. Das Gewehr schußbereit nähere ich mich dem noch immer fest vorstehenden Hunde. An seine Seite getreten, richtet er sich nur soweit auf, um seinen Körper in eine etwas normalere Lage zu bringen, ohne jedoch einen Schritt vorzurücken. So stehe ich wohl einige Minuten, vielleicht auch länger und genieße das Bild: die herrliche Figur des vorstehenden Hundes, das weite gelbbraune Moor mit dem blauen Waldsaum am fernen Horizont. Wie unendlich schön und erhaben ist doch diese Einsamkeit der Menschenferne! Aber die Spannung läßt das Herz heftiger schlagen, im Halse pulst das Blut und die Augen suchen die deckungslose Moosfläche ab. Als ob man die Hühner in ihrer vollendeten Anpassung an ihre nächste Umgebung je finden könnte. Ich trete behutsam zwei, drei Schritte vor. ›Käthe‹ rückt gleichfalls, wenn auch stocksteif und scheinbar unwillig, nach – dann tönt plötzlich der harte, rauhe Schnarr-Warnruf, mit dem der alte Schneehahn stets die aufstiebende Kette zu warnen pflegt und zwanzig und mehr gelbweiße Schwingen schlagen durcheinander und tragen die Moorhühner niedrig, aber in reißendem Fluge über das Moor. Zwei Schüsse – zwei Hühner fallen, indes die übrigen in weiter Ferne verschwinden. ›Käthe‹ apportiert das Wild, dann wenden wir uns im Bogen wieder dem Grasmoor zu, in welchem jetzt gerne das Birkwild liegt und die reifen Blau- und Preiselbeeren äst. Zwar könnte ich die Schneehühner nochmals vor die Flinte bekommen, denn irgendwo weiter im Hochmoor werden sie bestimmt eingefallen sein und von der Hündin gefunden werden. Aber Schneehühner sind ein Flugwild, das man schonend behandeln soll. Mehr als drei Völker beherbergt das Moor trotz aller Schonung auch nicht mehr.

Die Hündin ist im Gewirr der Zwergbirken, Weiden und Beerensträucher verschwunden; nur hin und wieder taucht sie in meinem Blickfeld auf, sieht sich kurz nach mir um und verschwindet abermals. Dort in dem kleinen Krüppelkiefernhorst hatte im Sommer ein Merlinfalkenpaar seinen Horst – die Jungfalken saßen, laut lahnend auf den Randästen, als ich vorüberkam und die seltenen Gäste betrachtete.

Da erscheint die Hündin, kommt eiligst zu mir heran, wendet und läuft, sich immer nach mir umsehend, wieder ins Strauchgewirr. Ich weiß: sie hat Wild gefunden und führt mich nun hin. Noch einige Male kehrt sie zurück, läuft vor und bleibt dann wartend stehen. Dann rückt sie langsam vor, die Nase hoch gegen den Wind, Schritt für Schritt vorwärtsziehend – wie von einem Magnet gezogen. Vor einem wirren Durcheinander von Porschbüscheln und hohem Beerenkraut steht sie dann fest vor – wir sind am Wild! Leise fährt meine Hand ihr über den hocherhobenen Kopf, das Gewehr liegt schußbereit im Arm – da steht mit tiefem »Gock - gock« eine alte Birkhenne auf, der zwei ausgewachsene Junghühner folgen. Der schon stark schwarzgesprenkelte Junghahn ist sofort als solcher zu erkennen – der Schuß ist leicht. Aber ›Käthe‹ rührt sich nicht: vor ihr müssen noch weitere Hühner liegen, steht doch ein Gesperr Birkhühner fast nie geschlossen auf, wie dies bei Moor- und Rebhühnern stets der Fall ist. Und wirklich streichen nacheinander noch drei Hühner ab, junge Hennen, die ich natürlich unbeschossen lasse. Als letztes Huhn erhebt sich wieder ein halbverfärbter Junghahn, der aber so verdeckt aufsteht, daß mein Schuß daneben geht.

Nun wende ich mich allmählich heimwärts, verlasse das Moor und gehe zwischen Wiesen- und Ackerland in Richtung Gutshof. Ein Feld – teils mit reifendem Hafer, teils mit Buchweizen bestellt, grenzt an die bebuschten Ausläufer des Grasmoores. Ich dirigiere den suchenden Hund dorthin: reifer Hafer und Buchweizen sind Leckerbissen für alle Hühner. Und schon zieht ›Käthe‹ an und steht gleich darauf fest vor. Wie ich die Hündin vorrücken lasse, wird ein Gesperr Fasanen hoch, die jungen Hähne schon stark geschildert. Sie bleiben einstweilen unbeschossen – im Spätherbst werden wir uns wiedersehen.

Es dauert nicht lange, da hat sie wiederum Wild in der Nase und dieses Mal sind es Birkhühner, die sich einzeln und schwerfällig aus dem Hafer erheben. Erst ein alter, pechschwarzer Hahn, den mein Schuß voll faßt, etwas weiter wieder eine Henne mit Gesperr, aus dem ich noch zwei Junghähne erlege. Auch ein Volk Rebhühner und weitere vier Fasanen weist mir der Hund. Dann sind Hafer- und Buchweizenschlag wildleer und ich schlage nunmehr den kürzesten Weg nach Hause ein – der wildbehangene Rucksack drückt schwer und die Anzahl erlegten Wildes genügt vollauf, die Wildkammer zu füllen – bis nächstes Mal!

Während ich abends vor dem brennenden Kaminfeuer die erlebten und erschauten herrlichen Bilder noch einmal durchkoste, liegt ›Käthe‹ neben mir auf der Elchdecke. Auch sie träumt von ›ihrer‹ Jagd. Ihre nimmermüden Läufe zucken und bewegen sich und ihre feine Rute klopft lebhaft den Fußboden: sie hat wohl wieder Schneehühner in der Nase und da sie sich in ihrer derzeitigen Lage nicht nach mir umwenden kann, verständigt sie mich auf diese Weise!

Hühnerjagd

»Kommt sofort und helft mir Hühner schießen!«, diese verheißungsvollen Worte brüllte mein alter Schul- und Jagdfreund Werner in mein ›ländliches‹ Telefon. Denn damals waren Fernsprecher noch jüngeren Datums und ihre oft schlechte Wiedergabe mußte durch ein gewisses Maß an Lautstärke ausgeglichen werden.

Daß wir diese Einladung sofort annahmen, war selbstverständlich, und so konnte ich noch am selben Abend meinen Bruder samt seinem Deutsch-Kurzhaar ›Tell‹ und einem prallen Sack voller Patronen bei mir begrüßen.

Auch ich suchte alles Nötige zu einer solchen Jagd zusammen, und am nächsten Vormittag saßen wir beide mit unseren drei Hunden im Kutschwagen und rollten den etwa 50 Kilometer entfernten Jagdgefilden entgegen.

Die Eigenjagd meines Freundes war ein ideales Niederwildrevier, in dem es außer zahlreichen Rebhühnern auch einen guten Besatz an Birkwild, Fasanen und allerhand Wasser- und Sumpfwild gab, so daß die Strecken dort nicht nur zahlenmäßig gut, sondern auch immer recht bunt ausfielen. Die großen Gutsackerflächen waren überall durch kleine Buschgehölze, Moore, aufgeforstete Feldstücke, bebuschte Grabenränder und kleine Wasserlöcher unterbrochen, wo alles Wild reiche und natürliche Äsung fand und ihm, neben Kartoffeln- und Rübenbreiten, auch Unland mit allerlei Gräsern und Unkrautsamen zur Verfügung stand.

Ich hatte neben meiner alten Pointerhündin ›Käthe‹ auch deren weißgelbe Tochter ›Kaddi‹, die im zweiten Felde stand, mitgenommen. Denn selten bot sich so eine gute Gelegenheit, mit beiden Hunden zu jagen und das ›Sekundieren‹ zu üben.

Nach etwa sechsstündiger Fahrt, während der die Hunde teils neben dem Wagen liefen, teils in diesen hinein genommen wurden, besonders wenn in den Dörfern und Gehöften die Fixköter gar zu zudringlich wurden, erreichten wir wohlbehalten den Gutshof, vom Jagdherrn aufs freundlichste begrüßt. Er erklärte uns sofort, daß wir uns gut dranhalten müßten, da er einem Gutsnachbarn zum Hochzeitsessen von dessen Tochter für etwa fünfzig Personen die nötigen Hühner zu liefern versprochen habe. Hühner seien genügend da, zumal die starken Ketten bisher kaum bejagt wurden. Schmunzelnd versprachen wir, unser möglichstest zu tun, um ihm sein Versprechen halten zu helfen.

Nach einem guten ›baltischen‹ Abendbrot mit den üblichen hausgemachten Schnäpsen machten wir noch einen Spaziergang durch die Felder in nächster Umgebung des Hofes. Bei einbrechender Dämmerung hörte man überall das laute »Zer-Reck, Zer-Reck« der ihre Völker zusammenrufenden Rebhähne. Na, die Aussichten schienen wirklich gut zu sein, und bei einigen Flaschen Rotspon wurde nachher noch alles Nähere besprochen und festgelegt.

Am nächsten Morgen, nach ausgiebigem Frühstück, wurde früh aufgebrochen, denn wir wollten den Tag ausnutzen. Da es keinen Sinn hatte, mit vier Hunden (Werner selbst führte einen alten English-Setter) zusammen zu jagen, beschlossen wir, uns zu trennen, und zwar so, daß ich mit meinen zwei Hunden allein ging, während mein Bruder und Werner gemeinsam suchen wollten.

In nächster Nähe des Gutshofes sollten drei starke Völker unbeschossen bleiben, da die Erfahrung gezeigt hatte, daß kopfstarke Ketten alle Unbillen und Gefahren der harten Winter besser überstehen als Stumpfvölker. Die Hühner wärmen sich gegenseitig und sind auch durch erhöhte Aufmerksamkeit besser gegen Habicht und andere Feinde geschützt.

Im allgemeinen heißt es ja immer, alle Ketten müßten beschossen und möglichst auf die Hälfte reduziert werden. Ich glaube, daß bei diesem Ratschlag der Schießteufel meist Pate gestanden hat, wie auch beim so sehr empfohlenen Abschuß der ›alten Raufhähne‹, sowohl beim Auer- als auch beim Birkwild. Es hat sich nämlich immer wieder gezeigt, daß gerade die alten, starken Hähne der möglichen Schonung bedürfen, da sie es sind, die die altgewohnten Balzplätze immer wieder einhalten und von den Hennen ganz offensichtlich beim Treten bevorzugt werden. Doch das nur nebenbei!

Wir wollten zwei Tage jagen, da ein Gutsnachbar uns sein Revier auch noch zur Verfügung gestellt hatte. Er selbst war zwar Nichtjäger, dafür aber ein großer Feinschmecker, der ›junges Rebhuhn mit Weinkraut‹ für sein Leben gern aß.

In weit ausholender, flüchtiger Suche revierten meine beiden Pointer die Felder ab. Große Kartoffel- und Rübenschläge gab es zum Glück nur wenige, dafür aber um so mehr kleinere Ackerfläche, auf denen die Kartoffeln oder Rüben mit Unkraut durchsetzt waren. Auf bäuerlichen Feldern stand zum Teil sogar noch spärlicher, aber reifender Hafer auf dem Halm.

Die Hunde arbeiteten ausgezeichnet zusammen und ich freute mich, wie in anpassender Weise die Tochter der vorstehenden Mutter sekundierte.

Für mich ist die Suche auf Flugwild mit gut eingearbeiteten Pointern die Krone allen Jagens. Neben den wundervollen Bildern beim

Suchen, Vorstehen und Nachziehen sind es die Nasenleistungen dieser einmaligen Hunde, die einen immer wieder in Erstaunen setzen und zu größter Bewunderung hinreißen.

An Hühnern war kein Mangel; fast in jedem Kartoffelschlag lag eine Kette, insbesondere, wenn das Kraut dünn und schon etwas welk war. Denn die rote Herbstsonne hatte den nächtlichen starken Tau noch nicht abtrocknen können, weshalb die Hühner dichtere Dekkung mieden und vielfach auch auf Stoppeln und Wiesen lagen. Trotzdem hielten die Völker gut. Sie waren ja bisher auch noch nie bejagt worden und, obwohl voll ausgewachsen und flugfähig, liefen sie vor dem nachziehenden Hunde nur kurze Strecken, um sich bald wieder zu drücken. Auch die Einzelhühner bei gesprengten Ketten lagen bombenfest, so daß ich sie oft dicht vor der Hundenase heraustreten mußte.

Vielleicht hing das auch damit zusammen, daß die bäuerlichen Felder damals noch nicht gedrillt, sondern mit der Hand angesät wurden, wodurch Furchen oder Rinnen wegfielen und auch Kartoffeln und Rüben vielfach durch schlechte Bestellung keine ›Laufgänge‹ boten.

So füllte sich mein Hühnergalgen langsam, aber sicher. Nach etwa zwei Stunden mußte ich schon ein ›Abstell-Depot‹ für das erlegte Wild anlegen, von wo es später abgeholt wurde. Bisher war mir kein Huhn verlorengegangen, denn auch alle geflügelten Hühner kamen dank der guten Arbeit meiner Hunde über kurz oder lang zur Strecke.

Am Rande eines in den Feldern eingelagerten Moores zog meine Junghündin erst kurz an und stand dann fest vor. Während die alte Hündin prompt, wenn auch wohl ungern, sekundierte, trat ich näher, und aus dem Heidelbeerkraut stand ein alter, schwarzer Birkhahn auf, den mein Schuß zwar noch faßte, der aber geflügelt schräg zu Boden ging. Alte, geflügelte Birkhähne machen dem Hunde viel Arbeit, denn erstens laufen sie toller als ein Fasan und verstehen es sodann meisterhaft, sich durch Haken und Widergänge ihr Geläuf zu verbergen.

Trotzdem wollte ich ›Kaddi‹ die Gelegenheit geben, den Hahn zu apportieren, denn schließlich hatte sie ihn ja gefunden.

So nahm ich sie bei Fuß, und die Reise ging los. Der Hahn lief, ohne sich zu drücken, immer tiefer ins Moor hinein, wo Weiden- und Zwergbirken-Gestrüpp eine Folge immer mehr erschwerte.

Ich wollte die rasch und hitzig nachziehende Hündin nicht zum Apportieren ermuntern, da ich fürchtete, sie dadurch noch heftiger zu machen und ihre Vorstehfertigkeit zu gefährden. So nahm ich sie nach einiger Zeit zurück und schickte dafür die Mutter vor, die in solchen

Sachen viel Routine und Erfahrung hatte. Nach kurzer, ebenfalls erfolgloser Folge wandte ›Käthe‹ ihren alten Trick an, den sie immer bei stark laufenden Hühnern oder anderem Wild anwandte: sie schlug einen weiten Bogen und faßte den laufenden Hahn von der anderen Seite, so daß er sich nun zwischen mir und der Hündin befand. So dauerte es auch nur kurz, dann stand sie fest vor und griff auf Befehl den hochflatternden Hahn.

Zur kurzen Mittagspause trafen wir uns auf einem Vorwerk, wo wir und die Hunde uns gut ausruhen konnten. Am Nachmittag setzten wir die Suche unbedenklich fort.

Für den nächsten Tag war eine Jagd auf dem Nachbargut angesagt. Das Revier war besonders anziehend, da dort zwei verwachsene Moorseen gute Aussichten auf Enten und anderes Wasser- und Sumpfwild, insbesondere auch auf Bekassinen, bot. Diese kleinen Schnepfen gehörten seit je zu meinem Lieblings-Flugwild. Bei genügender Übung und einiger Gewandtheit gelingt der Schuß auf diese flinken Vögel zumeist auch.

So fuhren wir, wiederum mit vier Hunden, im bequemen Kutschwagen die zwei Meilen bis zum Gut, wo wir nach der Suche natürlich auch noch den Abend verbringen sollten. Auch hier gab es reichlich viele und kopfstarke Ketten von gut ausgewachsenen Hühnern, so daß auch hier bald Beute-Depots angelegt werden mußten.

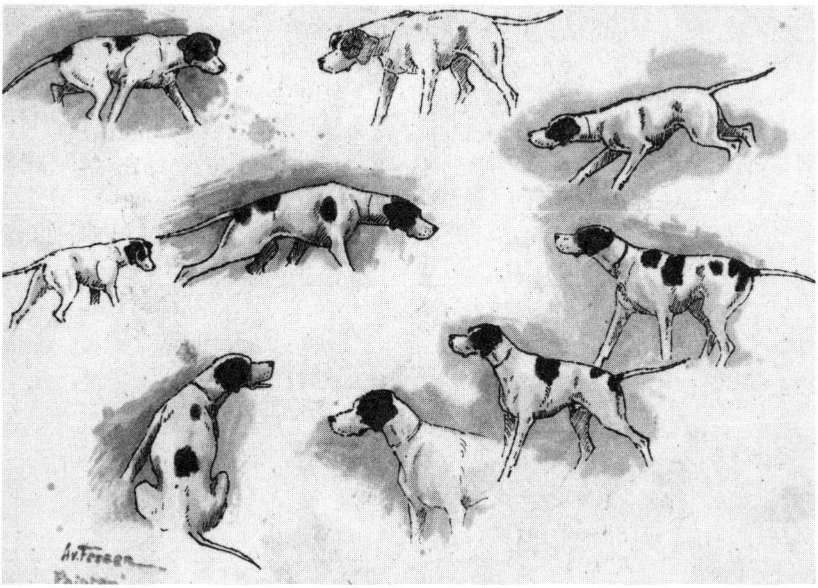

Nach Absuchen der mir zugewiesenen Feldfläche kam ich an einen großen, zum Teil mit Wacholder, Weiden und Zwergbirken verwachsenen recht nassen Heuschlag, den ich genau absuchen wollte, da ich dort Birkwild und Bekassinen zu finden hoffte.

Plötzlich standen beide Hunde fest vor. Als ich herantrat, strich vor jedem Hunde je eine Doppelschnepfe heraus, die ich beide mühelos mit Doppelschuß erlegte. Im Gegensatz zur Bekassine steht die Doppelschnepfe schwerfällig auf und streicht gerade und langsam ab, insbesondere, wenn sie im Herbst vollfleischig und richtig fett ist. Mitte August pflegt diese Schnepfe auf dem Zuge nach Süden oft in großer Anzahl auf Wiesen und Feldern einzufallen und das war nun hier der Fall.

In kurzer Zeit schoß ich 13 Doppelschnepfen und zwei junge Birkhähne, die Suche auf dem verwachsenen Heuschlag hatte sich gelohnt!

Mein Rückweg führte mich am Moorsee entlang; es gelang mir aber nicht, auf Enten zu Schuß zu kommen, da die zahlreichen Stockenten alle auf dem offenen Wasser hinter dem breiten Schilfgürtel lagen und schon außer Schußweite aufstanden. An einem Graben schoß ich aber doch noch eine Krickente, wodurch meine Strecke besonders bunt wurde.

Der Abend im gastfreien Gutshause verlief fröhlich und reichlich feucht, so daß wir auf der Rückfahrt am späten Abend, teils untereinander, teils mit den zwischen uns sitzenden Hunden mit den wackelnden Köpfen zusammenstießen, was wir natürlich auf die allgemeine Müdigkeit zurückführten.

Wie hoch unsere Gesamtstrecke an beiden Tagen war, weiß ich nicht mehr, aber Werner konnte sein Versprechen einhalten und genügend Hühner für die Hochzeitstafel liefern, was natürlich umsonst, ohne Bezahlung, geschah. Wild pflegte man damals an Nachbarn nicht zu verkaufen. Als Dank erhielt Werner dann den Abschuß von zwei Auerhähnen in den reich besetzten Balzen des Nachbargutes.

Hunde, Hühner, Schnepfen, Moore, Seen und Wälder gehören der Vergangenheit an und werden nie wieder auferstehen. Wohl kann man heute in Stundenfrist in die entferntesten, exotischen Länder der Welt reisen – die nahegelegene, alte Heimat ist und bleibt für uns für immer verschlossen.

Der Angern-See in Kurland

Von allen, an der Ostseeküste liegenden Binnenseen im Baltikum ist der in Nordkurland gelegene »Angern-See« der größte, bedeckt er doch eine Fläche von annähernd 44 Quadratkilometer. Seine Länge dürfte 15 bis 18 Kilometer betragen, während seine Breite, örtlich verschieden 2, 3 bis 4 Kilometer aufweist. Im Herbst und insbesondere im Frühling, weitet sich seine Wasserfläche durch überschwämmte Uferwiesen noch beträchtlich aus. Die Nehrung, die den See im Osten vom Meer abgrenzt, ist nur 1 bis 3 Kilometer breit und durch einen schmalen, künstlichen Kanal durchstochen und mit dem Meer verbunden. Im See liegen einige Inseln von insgesamt etwa 135 Hektar Fläche, wobei auf die sogenannte »Große Schafinsel« allein 60 Hektar entfallen.

Westlich des Sees dehnten sich weite Waldungen aus, meist dem Großgrundbesitz, aber teilweise auch dem russischen Staat gehörig. Große Flächen des Sees waren verschilft und bildeten weite Rohr-,

Kalmus- und Schilfwälder, in denen alles Wasserwild sowohl Nahrung, als auch Schutz zur Aufzucht seiner Nachkommenschaft fand. Der See war vielfach sehr flach und auf weiten Flächen war das Wasser bis fast an die Oberfläche, mit emporgeschossenem ›Armleuchterkraut‹ durchwachsen, so daß ein Befahren dieser Flächen mit dem Boot fast unmöglich war und den großen Stelzvögeln, wie Graureiher und Schwarzstörche, die Möglichkeit bot, bei der Nahrungssuche weit in den See hinaus zu waten.

Die häufigste Wildart war die Stockente und fast gleich häufig die Krickente. Es kamen aber auch viele weitere Entenarten vor, teils als Brutwild, teils als Zugvögel, wie z.B. Tafel-, Schell-, Reiher-, Löffel- und Spießenten. An Tauchern gab es überall den Haubentaucher und selten die anderen, kleineren Arten, wohl aber in Mengen Bläßhühner. Bei Aufgang der Entenjagd, Anfang Juli, traf man oft große ›Familien‹ des Mittelsägers an, der, neben den Schellenten, in den angrenzenden Laubwäldern in hohlen Espen und Birken brütete. Das große flache Unkrautgebiet war für alles Wasser- und Sumpfwild ein ideales Gelände zur Nahrungssuche, woher sich alles an Enten-, Schnepfen-, Wat- und Stelzvögeln abends dort, zu nächtlicher Nahrungssuche, einfand.

Der Angern-See war ein sogenannter ›Frei-See‹, d.h. jeder, der einen Jagdschein besaß, hatte das Recht auf dem See zu jagen. Praktisch war das nicht so schlimm, denn auf dem Lande kamen, außer den Gutsbesitzern, ihren Angestellten und ihrem Forstpersonal, nur noch die Landärzte und Pastore als Jäger in Frage. Gerade unter Letzteren fand man viele sehr passionierte und gute Jäger, die selbst Hasenhunde (Bracken) hielten, da sie meist die Erlaubnis hatten auf ihren Pastoratsländereien frei zu jagen. Ich kannte auch zwei Pastore, die an Reitjagden teilnahmen und schneidig mitritten. Die städtischen Jäger, zumeist aus Riga, mußte man in zwei Kategorien einteilen. Solche, die wirkliche Jäger waren und sich dann meist in städtischen Jagdgesellschaften zusammenfanden, die dann die Stadtgüter bejagten.

Als zweite waren solche Jäger zu nennen, die nur aus Geltungsbedürfnis »Jäger« waren und dann die Jagd auf dem See, als fröhliche Zechgelage, mit ungezügelten Schießereien auf Möwen, Seeschwalben und andere Vögel ansahen. Die Jagd auf dem See war für sie nur ein lustiges Picknick mit viel Schnaps, gutem Imbiß und fröhlicher Übernachtung auf der Schafinsel in ›Damengesellschaft‹.

Die Eltern meines Freundes, Graf Lambsdorff, hatten sich in einer, am See liegenden Buschwächterei des alten Stammgutes R., ein

Altenteil erbaut. Es war ein sehr gemütliches, kleines Haus, ein Pferdestall mit Scheune und einem kleinen Garten. Es lag am Walde an einem, in den See mündenden, kleinen Flüßchen, das man mit einem Flachboot bis zum See gut befahren konnte.

Wir waren schon am Nachmittag, mit Pferdefuhrwerk vom Gut aus, in der Buschwächterei eingetroffen. Unser mitgebrachtes Gepäck konnten wir gleich in den für uns reservierten Zimmern abstellen, da wir zwei Tage bleiben wollten, um alle Freuden dieses herrlichen Erdenwinkels voll auszukosten. In dem am Wohnhaus vorbeifließenden Bach gab es eine Menge Krebse, so daß man diese leckeren Schalentiere dort in kürzester Zeit zu Hunderten fangen konnte, was nicht nur amüsant und aufregend ist, sondern auch höchste kulinarische Genüsse bedeutet. Aber am ersten Tage wollten wir uns den Enten widmen und die Nacht auf der Schafinsel im Heu schlafen, um sowohl Abend- als auch Morgenstrich voll ausnutzen zu können.

So brachen wir am späten Nachmittag zum See auf. Unsere beiden Bootstößer, ein Buschwächter, der andere ein alter Fischer und Wilddieb, erwarteten uns schon an der Anlegestelle mit ihren schmalen und leichten, aus einem Espenstamm herausgehauenen Booten. Mit Rucksäcken bepackt, in denen Proviant, Patronen und je eine Decke für die Nacht verstaut waren, bestiegen wir die Boote. Ich hatte natürlich meine Pointerhündin ›Käthe‹ mit, die mich auf allen Jagden und auch sonst überall hin, begleitete. In den ›Wiesen‹ angekommen, ließ ich meinen Bootstößer allein weiterfahren, stieg aus und suchte im großen Bogen die wilden Heuschläge mit ihren Gräben, Wasserlöchern und sumpfigen Niederungen nach Bekassinen und Krickenten ab.

Ich habe von jeher Bekassinen mit besonderer Passion bejagt, verlangt doch ihre Erlegung einen schnellen, guten Schützen. Man muß allerdings einen gewaltigen Unterschied zwischen Bekassine und Bekassine machen. Das Gros dieser Schnepfen wird für gewöhnlich zur Zeit der sommerlichen Entenjagden erlegt und dann gerne als Zeichen der Schußkünste des Erlegers gedeutet. Die ›Sommerbekassine‹ ist kein schwerer Schuß, da es sich zumeist um Jungvögel und noch mausernde Altvögel handelt. Die ausgewachsene Herbstbekassine ist dagegen ein ganz anderer Flieger, der einen geübten und vor allen Dingen sehr schnellen Schützen verlangt. Der berühmte ›Zick-Zack-Flug‹ der ausgewachsenen Schnepfe erfordert einen sehr schnellen Schuß, denn es muß knallen, bevor der Vogel zum ›Zick-Zack‹ angesetzt hat. Auf diesen ›Wiesen-Rundgängen‹ schoß ich meist schon ein bis zwei Krickenten, mal auch eine Stockente und meist drei bis vier Bekassinen, was meinen, im Boot sitzengebliebenen Jagdherrn, zu knurrigen Bemerkungen über Zeitverlust, unnütze Ermüdung und dergleichen veranlaßte. Im Grunde aber einem kleinen Jagdneid entsprang, dessen Ursprung bei ihm das Fehlen eines Hundes war. Am See angekommen, trennten wir uns sehr bald, um, oft weit voneinander, unsere Plätze für den Abendstrich aufzusuchen und uns dann, für die Nacht, auf der Schafinsel zu treffen.

Die Bootstößer kannten den See natürlich in- und auswendig und wußten genau welche Stände am besten zu besetzen waren. Entweder machten sie das Boot am Rande des Rohr- und Schilfwaldes fest oder aber sie bezogen, auf mehr oder weniger freier Wasserfläche, einen kleinen Schilfhorst, in dem man das Boot noch gut tarnen und verstecken konnte.

Der Abendstrich, respektive Einfall, war in der Regel ausgiebiger und besser als der frühe Morgenstrich. Am Abend kreisten die, aus dem Rohrmeer aufgestandenen Entenschoofe, vor dem endgültigen Einfallen, noch hin und her und erhöhten dadurch die Möglichkeit zu Schuß zu kommen. Morgens standen Enten und anderes Wasser- und Sumpfwild meist geschlossen auf und strichen, ohne viel zu kreisen, in ihren Tageseinstand, den großen, unbetretbaren Schilf- und Rohrwald, ein.

Bis zu Beginn des eigentlichen Abendstrichs war meist noch Zeit genug, um den See und seine Bewohner zu beobachten und zu studieren. Denn auf der weiten Schlickfläche sammelte sich allmählich alles, was seine Nahrung im seichten Wasser suchte und die Nacht hindurch dort tauchte, gründelte und fischte. Die Schlickfläche sah wie eine unbewegliche Wasserfläche aus, auf der sowohl Schwimm- als auch Stelzvögel, gleichsam schwerelos, umher liefen, was einen komischen Eindruck machte. Auch Greife sah man, die in den angrenzenden, großen Waldungen ihre Horste hatten. Hühnerhabichte, auch Wanderfalken, und wenn man besonderes Glück hatte, auch noch einen Fischadler beim Schlagen von Fischen, waren zu beobachten. Baumfalken jagten abends über dem Schilf nach Libellen, schlugen aber auch manche Schwalbe, die in riesigen Schwärmen sich im Herbst zur Nachtruhe im Rohrwald einfanden. Den Seeadler habe ich dort nicht beobachten können, denn er horstete nicht mehr in den kurländischen Strandwäldern. Im Spätherbst, wenn der See schon teilweise mit einer dünnen Eisdecke überzogen war, fanden sich aber alljährlich Seeadler ein, meist Jungvögel, die dann die im Sommer flugunfähig geschossenen, oder sonst kranken Enten und Bläßhühner schlugen. Ich erinnere mich, daß ich an einem Abend, vom verstecktliegenden Boot aus, auf der Schlickfläche, neben Graureihern und sonstigem Wasser- und Sumpfwild, 17 Schwarzstörche zählen konnte, ein herrlicher Anblick.

Bestieg ich, nach meiner Bekassinensuche, wieder mein Boot, so fuhren wir mit meinem Jagdfreund noch eine kurze Strecke zusammen auf den See hinaus. Dann trennten wir uns, um einzeln unsere Stände zu beziehen und uns, bei Dunkelheit, auf der Schafinsel zu treffen.

Der eigentlich starke Abendstrich begann erst spät, so daß man oft noch bei schlechtestem Licht auf die schnell und niedrig streichenden Enten zu Schuß kommen mußte, was die Trefferresultate oft sehr verschlechterte. Saß man in einer kleinen Rohrinsel, inmitten der großen Schlickfläche, so war das Bergen der geschossenen Enten nicht schwer, wohl aber in der Dunkelheit sehr zeitraubend. Denn ein hochläufiger Hund konnte dort kaum schwimmen, verfing sich leicht in Kraut- und Schlingpflanzen, um zuletzt, vor Ermattung, zu ertrinken. Um vieles besser waren hier kleine kurzläufige Hunde, die immer noch im seichten Wasser über der Pflanzendecke schwimmen konnten. Einer der Bootsführer besaß einen kleinen braunen ›Fixköter‹, dessen Eltern wohl viel Teckelblut besessen hatten. Wasser war sein Element und Entenjagd seine ganze Passion. Da er totsicher apportierte, war er der gegebene Hund für eine nächtliche Nachsuche auf geschossene Enten, die er prompt, eine nach der anderen, zum Boot brachte, ablieferte, um aber sofort wieder umzukehren und weiter zu suchen. Wir haben oft Ängste um den Hund ausgestanden, wenn das plätschernde Schwimmen des suchenden Hundes plötzlich verstummte und wir, wohl auch mit Recht, annahmen, den Hund hätten doch die Kräfte verlassen und er sei tonlos und unrettbar ertrunken. Aber ›Pupo‹, wie er hieß, kam mit der gesuchten Ente doch immer wieder und ist erst mit 12 Jahren an Altersschwäche sanft eingeschlafen.

Anfangs, bei vollem Licht, konnte man die Schoofe oder einzelne Enten gut beschießen. Wurde es aber dunkel, so hoben sich die streichenden Vögel nur undeutlich vom grauen Himmel ab. Da mußte man oft die schon eingefallene Ente auf der hellen Wasserfläche beschießen, wobei die Entfernung sehr zu beachten war und weite Schüsse möglichst vermieden werden mußten. Denn die schwimmende Ente bietet ein nur kleines Ziel, da sie tief im Wasser liegt und Hals und Kopf ein mehr als winziges Treffziel sind. Lagen schon einige geschossene Enten auf dem offenen Wasser, so lockten diese oft die niedrig anstreichenden Artgenossen zum Einfallen ein.

Ich erinnere mich eines Abends Mitte August, wohl im Jahre 1911, an dem ich den stärksten Entenstrich erlebte, den ich je mitgemacht habe. Meine Flintenläufe wurden heiß, ich konnte gar nicht so rasch nachladen (Ejector-Flinten gab es damals bei uns noch nicht) wie die Enten, in der Hauptsache Stock- und Krickenten in Schoofen, oder einzeln, angestrichen kamen. So weit ich mich erinnere, schoß ich damals am Abend 27 Enten, zu denen dann noch die Enten hinzukamen, die ich am folgenden Morgen, oder auf der Hin- und Rückfahrt zum See, geschossen hatte.

Zur eigentlichen, sommerlichen Entenjagd auf Jungenten, bin ich nie auf dem See gewesen. In den dichten, weiten Rohr- und Schilffeldern konnte man nur schwer zum Schuß kommen, weil die sich drückenden Jungenten vielfach nicht aufstanden, sich übergehen ließen und auch Hunde dort sehr schwer arbeiten konnte. Sie kamen in den harten Rohrstengeln nur schwer vorwärts, da sie meist schon schwimmen mußten und sie sich obendrein leicht verletzten. Denn die unter Wasser aufrecht stehenden Stengel des alten, im Winter gemähten Rohres, fügten ihnen leicht Verletzungen zu. Man hatte als Schütze meist auch wenig Ausblick aus dem hohen Schilf, in dem man watete, so daß viele Enten unbeschossen aufstehen und verschwinden konnten.

Sehr reizvoll war dagegen im September, wenn die Erpel schon ihr buntes Winter- und Hochzeitskleid trugen, das Anfahren mit dem Boot. Schien eine warme Herbstsonne, so lagen die Enten um die Mittagszeit gerne am Rande des Schilfwaldes, wo sie auf angeschwemmten Rohr- und Schilfhaufen, einen warmen Mittagsschlaf hielten. War es etwas windig, so hörten sie das nahende Boot kaum, und man kam auf die aufstehenden Enten gut zu Schuß, wobei man sich immer einen bunten Erpel aussuchen konnte, zur Schonung der braunen Mutterenten. Nebenbei kam man auch immer auf Bläßhühner zu Schuß, die auch die wärmende Herbstsonne liebten und sonst im sicheren Tagesstand im Schilf lagen, kaum vor die Flinte kamen.

Die Nacht verbrachten wir immer auf der Schafinsel, auf der in jedem Jahr eine ›Heukuje‹ Heu geerntet wurde, die bis zum Winter, wo das Heu im Schlitten über das Eis abgefahren wurde, stehen blieb.

Diese Abende und Nächte hatten ihr strenges Ritual. Ein großes Feuer wurde entzündet, denn trockene Äste, altes Holz, Rohr usw. gab es in genügender Menge, um so ein Feuer zu erhalten. Aus dem trockenen Heu und umherliegendem Schilf wurden Schlafstellen hergestellt, auf denen man, in die mitgebrachte Decke gehüllt, wie in einem Daunenbett schlafen konnte. Natürlich war für einen reichlichen Speisekorb gesorgt. Nie fehlte ein kaltes Huhn, nie die einmaligen Speckkuchen, die am Feuer noch aufgewärmt wurden. Frisches Schwarzbrot mit goldgelber Butter, selbst hergestellter Knappkäse, geräucherter Aal, das alles mußte als ›Aufbiß‹ für den unentbehrlichen ›Wodka‹ da sein. Der Schnaps durfte aber nicht aus Gläsern oder aus der Flasche getrunken werden, sondern aus den kunstvoll, von den hartgekochten Eiern abgepuhlten, Halbschalen. Ich habe es nie erlebt, daß so ein Nachtessen in ein Saufgelage ausartete, wie das bei den Rigaschen Stadtjägern auf ihren sommerlichen Entenjagden die Regel war.

Natürlich hatten die lettischen Bootstößer an allen kulinarischen Freuden vollen Anteil und ihre, durch den Schnaps gelöste Schüchternheit, schlug sich dann oft in herrlichen Erzählungen und Geschichten nieder. Besonders der alte ›Punga-Jaan‹, aus einer, seit undenkbaren Zeiten ansässigen Fischer-und Wilddiebsfamilie stammend, konnte einmalig schöne Geschichten ›aus alter, guter Zeit‹ erzählen, mit dem trockenen Humor, aber scharfen Urteil des einfachen Mannes. Wie herrlich schlief es sich inmitten der unberührten Natur, fern von allem Menschengetriebe, der Hast und den Sorgen des Alltages. Die Luft war erfüllt von Pfiffen und Flöten, vom Geschnatter, krächzenden Rufen und pfeiffende Schwingenschläge zeigten immer wieder an, daß Enten und andere Vögel, auch unter dem schwarz-blauen Nachthimmel, umherstrichen. Die Milchstraße mit ihren ungezählten Sternen wölbte sich silbern über die volle Höhe des Zenits und Sternschnuppen zuckten aus der Höhe in die Tiefe hinab.

Schon bei der ersten Dämmerung mußte man seinen Stand beziehen, um den Morgenstrich voll zu erleben. Im Gegensatz zum abendlichen Einfall, kreisten die aufstehenden Enten morgens kaum über dem See. Sie fielen sofort auf ihren Tagesständen im Rohrwald ein. Dadurch kam man natürlich viel weniger zu Schuß, und der Morgenstrich ergab nie so hohe Strecken wie am Abend.

Meist trafen wir uns nach der Morgenjagd an bestimmter Stelle mit meinem Freund wieder, die Bootstößer setzten Segel auf, und in der ruhigen Morgenbriese fuhren wir wieder bis zur Buschwächterei zurück, wo uns schon heißer Kaffee und frischgebackene Kümmelkuchen erwarteten. Einmal entließen wir die Bootstößer schon am Einfluß des Flüßchens und gingen, in weitem Bogen durch den Wald, zur Buschwächterei zurück.

Es war gerade Blattzeit und wir benutzten den schönen Morgen, um unser Glück beim Blatten auf einen Bock zu versuchen. Es gelang mir damals auch einen, auf die Blatte springenden, guten Bock zu erlegen, den ich allerdings auf dem Rücken heimschleppen mußte, was bei dem hohen Gewicht unserer östlichen Böcke, mit aufgebrochenen 60 bis 65 russischen Pfunden, keine sehr angenehme Zugabe war. Aber man war damals jung und ein guter Bock wog im Schußbuch viel auf der Strecke eines Jahres.

Wie schon gesagt, war das am Wohnhaus vorüberfließende Flüßchen sehr reich an Krebsen, so daß man an einem Abend mit 20 bis 25 Keschern leicht einige Hundert Krebse fangen konnte.

So gab es am zweiten Tage bei den Eltern meines Freundes im Altenteil meist ein großes Krebsessen, zu dem auch noch Nachbarn mit Jugend geladen wurden. Tagsüber hatten wir eine genügende Anzahl Frösche gefangen, die abgehäutet und zerlegt, als Köder in den Krebskeschern befestigt wurden und die schmackhaften Schalentiere von weit her anzogen.

Bei Antritt der Dämmerung wurden die an Stangen befestigten Kescher weit hinauf in den Bach versenkt, während die Stangen griffbereit auf dem Boden am Ufer lagen. Schon nach kurzer Zeit

konnte man damit beginnen die Kescher zu kontrollieren. Man mußte dabei möglichst geräuschlos und ohne Erschütterung des Bodens, die einzelnen Kescher an den Stangen hochheben. Meist saßen 3 bis 4 und mehr Krebse am Froschköder und konnten mühelos eingesammelt werden, wobei nur große Krebse genommen wurden und die kleinen wieder ihrem Element, dem Bach, zurückgegeben wurden. Damals war man noch der Meinung, daß bei einem richtigen Krebsessen zwanzig Krebse pro Person zu rechnen seien, bei weniger, lohne sich die Arbeit nicht. Bestecke zum Krebsessen kannte man bei uns nicht, ein kleines Messer war gut, um die harten Schalen der Scheren aufzuschneiden, das übrige mußten die zehn Finger besorgen. Wie haben manche von uns, die wir an einem solchen Krebsreichtum gewöhnt waren, oftmals in Großstädten gelacht, wenn in feinen Weinstuben Krebse auf der Karte standen. In feinster Toilette saßen dann Herren und Damen an den Tischen und mühten sich mit Messer und Gabel zwei bis drei Krebse mundfertig zu machen, um, als höchste Delikatesse, mit herbem Mosel hinunter gespült zu werden.

Bei uns gehörte zu einem Krebsessen ein starker Kümmelschnaps, wobei auf je acht bis zehn Krebse ein großer Schnaps getrunken wurde, den allerdings nur die Herren tranken. An solchen ländlichen Krebsessen wurden die gefangenen Krebse sofort in einem großen, im Freien aufgestellten Kessel gekocht und zum Verspeisen serviert. Tische und Stühle standen dann vor dem Hause im Freien, man saß oder stand ungezwungen beisammen, denn die »Esser« mußten ja auch auf den Fang aufpassen, das Kochen übernehmen und dann sehen, selbst nicht zu kurz zu kommen. Was waren das für nette, aber auch interessante Abende, wenn der Vater meines Freundes, der alte Graf Lambsdorff, aus seinem Leben berichtete und aus seinem Erinnerungsbuch Dies und Jenes erzählte und erläuterte.

Die Welt hat sich seitdem grundlegend geändert. Das »Altenteil« ist abgebrannt und vom Erdboden verschwunden. Die einstigen Güter sind enteignet und von Fremden bewohnt und genutzt. Auf dem Anger-See jagen andere Leute mit anderen Gebräuchen und Ansichten und Krebsessen dürften kaum mehr in Sommernächten stattfinden. Das Leben ist anders geworden und das Alte für immer verschwunden. Nur die Schnarrwachteln werden auch heute noch in den Wiesen am See ihr schnarrendes Sommerlied singen. Wer mag heute diesem Lied mit jener Inbrunst lauschen, wie ich das einst getan habe?

Herbstjagd

Endlich war sie da, die langersehnte Jagdeinladung, die jedes Jahr Ende September auf meinen Tisch zu flattern pflegte.

»Mittwoch Abend Treffpunkt Jagdhaus K.«, lautete die kurze Karte. Eine Absage gab es nicht, denn diese zweitägige Waldtreibjagd gehörte zu den reizvollsten der ganzen Saison. An Stückzahl waren die Strecken zwar nie hoch, dafür aber um so artenreicher. Denn fast auf alles Wild, das jene Wälder bargen, konnte man zu Schuß kommen, beginnend mit dem Elchhirsch und Birkhahn, bis zum Schneehasen und zur Bekassine.

Eine dreistündige Wagenfahrt durch hochschäftigen Kiefern- und Fichtenwald, vorüber an heimlichen Wiesen und braunen Mooren, brachte mich am festgesetzten Tage zum Jagdhaus K. Wie stets, waren wir nur sechs Schützen, eine kleine aber harmonische Gesellschaft. Der Abend verlief rasch. Erinnerungen an gewesene Jagden und Erfolge wurden ausgetauscht, Erwartungen für die kommenden Tage besprochen und in den Gläsern glänzte manch goldener Tropfen.

Der nächste Morgen sah uns früh munter. Weiß lag der Reif über den Wiesen am See vor dem Hause. Die dunklen Wasser dampften und brodelten und wolkiger Nebel flatterte in langen Schwaden über dem gelben Schilf. Hunderte von Enten lagen auf der offenen Wasserfläche, unerreichbar für Kugel und Schrot. Die Birken im Moor hatten ihr goldenes Herbstkleid angelegt – das leuchtende Gelb hob sich so strahlend vom tiefen Grün der dunklen Nadelwälder ab.

Schon gleich das erste Treiben lieferte, außer einigen Schneehasen und einer Waldschnepfe, einen kapitalen Sechserbock, von meinem Nachbarschützen mit sauberer Kugel gestreckt.

Das dritte Treiben bestand aus altem Kiefernwald, dicht unterwachsen mit Fichtenjugend, Wacholder und allerlei Laubholz. Ich stand als letzter Schütze auf der schmalen Schneise, die sanft abfallend, hundert Schritt weiter in das schilfige Ufer eines Waldsees auslief. Durch den dichten Unterwuchs von Erlenschösslingen, Tollkirschen, Weidengestrüpp und Rohr, war anwechselndes Wild nur schwer zu bemerken.

Mit weitgespreizten Federn an den Schwingspitzen schraubten sich zwei Schreiadler hoch, zogen ihre Kreise, schwebten ohne Flügelschlag in meinen Gesichtskreis hinein und verschwanden dann wieder hinter den dunklen Wipfeln der Kiefern. Der Hornruf, der den Beginn des Treibens bedeutete, war in der klaren Luft verklungen – verebbt über dem stillen See, zurückgeworfen von den bewaldeten jenseitigen Ufern.

Aufmerksam wanderten meine Augen die grün-bunte Blättermauer vor mir entlang, denn keine Bewegung durfte mir entgehen, sollte ein Schuß auf der schmalen Schneise gelingen. Da schob sich Reinekes spitzes Gesicht sichernd unter einer Randfichte hervor, dann trabte der Rote über die Schneise um kurz vor der jenseitigen Dickung in meinem Schuß zusammenzusacken. Auch auf den Nebenständen knallte es, und in der Ferne wurden die Stimmen und Rufe der Treiber laut. Ein Haselhahn schwang sich vor mir in das Geäst einer Fichte ein. Vergeblich suchte ich ihn zu entdecken, scharf galt es aufzupassen, um den abstreichenden Vogel noch zu erwischen.

Ein saugend-stampfendes Geräusch, als ob ein Pfahl aus dem feuchten Moorboden gezogen wurde, fesselte plötzlich meine Aufmerksamkeit und gleich darauf stand, wie hingezaubert ein Elchhirsch mitten auf dem Gestell. Weitausgelegte Gabelstangen mit langen spitzen Enden hoben sich hell gegen das tiefe Schwarz des Rückenstammes ab. Die silbergrauen Läufe glänzten wie Birkenjugend im Moor und sichernd spielten die langen Lauscher vor- und rückwärts. Tief senkte der Hirsch den Grind, mißtrauisch fuhr der Windfang über den Boden hin – dann trollte der Riese der jenseitigen Dickung zu.

Vergessen waren Reineke und Haselhahn. Unbewußt hatte ich den Drilling auf Kugel gestellt und als der breite Hals des Hirsches im Bruchgewirr zu verschwinden drohte, berührte mein Finger den Abzug. Lautes Brechen und Prasseln wiesen meinem Ohr den Weg, den der Todwunde nahm, denn ich war gut abgekommen, der Hirsch hatte die Kugel im Leben.

Erst nachdem wieder Ruhe eingetreten war, übermannte mich das Hirschfieber – zu rasch und plötzlich war alles in Erscheinung getreten.

Ein Birkhahn in schwarzblau-schillernder Pracht strich sausenden Fluges über meinen Stand. Wohl hob ich unwillkürlich das Gewehr, doch ich kam zu spät, meine Aufmerksamkeit galt nicht mehr dem Treiben vor mir.

Bald traten die Treiber auf das Gestell und sahen sich erwartungsvoll suchend um. Einer entdeckte den Fuchs, winkte mir freudig zu und hob dann Reineke triumphierend hoch. Nun konnte ich zum

Anschuß gehen. Weder Schweiß noch Schnitthaar war zu finden, nur tiefe Eingriffe hatten die Schalen des Elches in den weichen Boden gerissen – es war kein Kunststück die weitausgreifende Riesenfährte weiter zu halten. Zerknickte Äste und angeflohene Zweige zeigten den Weg und dort leuchtete auf dem weißen Stamm einer Birke in Brusthöhe heller blasiger Schweiß. So leise als möglich, den Drilling schußbereit im Arm, drang ich durch das Gewirr von Strauchwerk vorwärts, den gierigen Blick auf den Boden geheftet, wo immer mehr rote Schweißspritzer zu sehen waren. Nach etwa hundert Gängen stand ich an einem schmalen Bach, der hier in den See mündete und dessen Ufer weich und moorig waren. Breit hatten sich die Schalen an den Läufen des Hirsches gespreizt, als er zur Flucht über den Bach angesetzt war. Der nasse Moorboden war in schwarzen Klumpen emporgerissen und auseinandergespritzt – auf dem Gegenufer aber hatten dem Riesen die Kräfte versagt. Sein schwerer Körper drückte im Stürzen die Böschung zusammen, tiefe Löcher, Schmutz und Schweiß bildeten die Fährte, weit konnte der Todkranke nicht mehr sein. Langsam watete ich durchs Wasser und zwanzig Gänge weiter lag im Buschwerk der bereits verendete Hirsch. Erst setzte ich mich neben den Gefällten, meine Knie zitterten vor Aufregung, dann besah ich den toten Riesen. Die schlanken Läufe waren krampfig vorgestreckt, das schwere Haupt zur Seite gefallen und tief hatten sich die langen Stangenenden in den weichen Boden hineingebohrt.

Auf meinen Ruf erschien der Förster. Sein Horn schmetterte ein ›Elch tot‹ in den klaren Tag und rief die übrige Jagdgesellschaft und Treiberwehr heran. Mit vieler Mühe wurde der Hirsch aus dem Bruchwalde bis an das Bachufer geschleift. Dort konnte er aufgebrochen und dann bis zur Schneise hinausgeschafft werden, von wo ihn das Fuhrwerk des Försters abholen sollte. Wir Schützen benutzten den Moment, um uns am mitgenommenen Proviant zu stärken, aber schon nach einer halben Stunde mahnte der Jagdherr erneut zum Aufbruch.

Wieder kam allerlei Wild vor die Schützen, ein zweiter Bock lag auf der Strecke, und auch auf meinen Teil entfielen zwei Schneehasen und eine Waldschnepfe. Dem Jagdgeber glückte ein rascher Schuß auf einen prachtvollen alten Hühnerhabicht, der gleich einem Schatten zu Beginn des Treibens zwischen den roten Kieferstämmen angeschossen kam. Brausend strich Auerwild über eine Blöße und lautlos schwenkte ein Haselhahn zwischen den Stangen hindurch, um im Schuß meines Nachbarn als stäubendes Federwölkchen zu Boden zu stieben.

So nahte das letzte Treiben des Tages, eine ausgedehnte, etwa zwanzigjährige Kiefernschonung mit eingesprengten Fichten und Laubhölzern. Wir Schützen standen auf einer Waldwiese, die erst ganz schmal, dann aber immer breiter werdend, die Front des Treibens bildete.

Ich stand als dritter Schütze an einer kleinen Birke – vor mir die undurchdringliche Dickung, in die nur einige kleine Lücken etwas Einblick gewährten. Dafür bot mir die Wiese bequemes Schußfeld nach allen Seiten auf jedes hinüberwechselnde oder vorüberstreichende Wild, so daß eine Überrumpelung nicht zu befürchten war. Weit in der Ferne hörte ich die Rufe der Treiber, die sich im Dickicht nur langsam fortbewegen konnten und von den Förstern immer wieder in ihrer Linie ausgerichtet werden mußten.

Zwei Birkhähne strichen hoch über den Kronen der alten Überhälterkiefern heran, bogen dann aber ab und entschwanden unbeschossen meinen Blicken. Bald knallte es hier und dort und auch ich konnte einen Schneehasen am Rande der Dickung rollieren lassen. Da preschte bei meinem rechten Nachbarschützen ein hochkapitaler Bock über die breite Wiese dem jenseitigen Bestande zu. Ruhig ließ der alte erfahrene Jäger das Wild hinaus, dann knallte hell der Büchsschuß seines Drillings und sich mehrmals überschlagend, rollte der Bock zusammen.

»Bravo, der zweite Bock des Tages« – ging es mir durch den Kopf, denn auch den Bock im ersten Treiben hatte dieser Schütze erlegt.

Vorsichtig wandte ich meinen Kopf erneut der Dickung vor mir zu – und starrte einem Elchhirsch in die Lichter, der mit hocherhobenem

Grind mißtrauisch zu mir hinübersicherte. Läufe und Brust verdeckte das junge Holz, der lange Bart hing vor dem dicken Halse und auf dem Kopf trug er ein Paar Schaufeln, die mir das Herz fast stille stehen machten. Mit zitternden Fingern stellte ich den Drilling auf Kugel, dann hob ich millimeterweise das Gewehr an die Backe. Auf den Stich war ein sicherer Schuß unmöglich, zu leicht konnte sich die Kugel im Astgewirr verschlagen und nur die Muffel fassen. So standen wir uns gegenüber, sekundenlang, mir schienen es Stunden zu sein. Da warf sich urplötzlich der Elch herum und flüchtete zurück, erhielt aber im gleichen Moment breitstehend meine Kugel.

Lautes Geschrei und Gebrüll belehrten mich, daß der kranke Hirsch die Treiberwehr durchbrochen hatte und aus der Dickung auf ein weites, mit Birken und Krüppelkiefern bestandenes Grasmoor, hinausgewechselt war. Eine Folge am Abend war nicht mehr ratsam, da sich der kurze Herbsttag seinem Ende näherte. Auch mußten wir befürchten den Hirsch im Wundbett hochzumachen, ohne eine gute Kugel anbringen zu können.

Geschlafen habe ich in der folgenden Nacht nicht viel. Zweifel und Befürchtungen verscheuchten immer wieder die Müdigkeit und in dem dämmernden Zustande des Halbschlafs quälten mich entsetzliche Träume.

Beim ersten Morgengrauen nahmen wir bereits die Nachsuche auf, der Jagdherr, der Förster und ich. Ein gut auf Schweiß arbeitender Rauhhaarteckel fiel gierig den Anschuß an und führte uns auf der leicht erkennbaren Fährte durch die getriebene Schonung auf das Moor hinaus. Dort fanden wir bald das erste Wundbett, aus dem der Elch aber freiwillig wieder weitergezogen war. Im Halbbogen ging die Fährte dann durch das Grasmoor in die getriebene Dickung zurück. Dort war der Kranke noch hin und hergetreten, um schließlich am Rande einer kleinen Blöße zusammenzubrechen und zu verenden. Es war ein für baltische Verhältnisse sehr guter Achterhirsch, mit breiten, regelmäßigen Schaufeln und langen Enden – ein Kapitaler im Vergleich zum Gabler.

Trotzdem dürfte der Gabler der viel ältere Hirsch gewesen sein, da er nach Körperbau und Gewicht ein Bedeutendes stärker war als der Schaufler. Meine Freude war nicht gering, war doch die drückende Last der Zweifel, die eine Nachsuche stets auslöst, von mir gewichen. Und doch überkam mich etwas Mitleid beim Anblick des erlegten Hirsches. Ein Etwas krampfte mir die Kehle zusammen, denn mit dem gefällten Riesen war wieder ein Stück Urwelt vernichtet, war die Natur um vieles ärmer geworden.

Karnickel

Wer hat früher nicht alles über die ›verfluchten‹ Karnickel geschimpft und sie zu allen Teufeln gewünscht: der Landwirt, der Forstmann, der Gärtner, der Friedhofsverwalter, ja selbst mancher Jäger, dem es nicht gelang, die grauen Flitzer so in Schach zu halten, wie es nötig war.

Heute trauern die Jäger alle den Freuden nach, die die damals zahlreichen Kaninchen jagdlich boten, heute, wo menschliche Dummheit, Überheblichkeit und Gemeinheit die Laputzen fast ausgerottet und einem qualvollen, langsamen Sterben überantwortet haben.

Für mich war das Karnickel stets ein besonders erwünschtes und geliebtes Wild, auch außerhalb der Jagdzeit. Durch seine Häufigkeit und Lebendigkeit trug es immer zu allerhand Erlebnissen und Betrachtungen bei. Wie leer und langweilig erscheinen heute jene Dickungen und Hecken, in denen früher unzählige Karnickel hausten und abends und morgens die Feldränder belebten.

Auch ich habe, wie wohl die meisten Jäger, meine ersten Karnickel mit dem Kleinkalibergewehr auf abendlichem Ansitz geschossen. Fein säuberlich mußte man die Kugel antragen, damit das beschossene Kaninchen nicht noch mit letzter Kraft im Bau verschwinden konnte und damit meist verloren war. Wie lustig war das Stöbern an sonnigen Herbsttagen, wenn die Laputzen sich außerhalb der Baue im trockenen Grase sonnten und vor dem stöbernden Hunde blumewippend fortflüchteten.

Auch die Jagd mit dem Frett bot viele Freuden und verlangte gutes und vor allen Dingen schnelles Schießen. Hierbei hatte man auch mal die Überraschung, daß anstelle des erwarteten Kaninchens plötzlich eine Katze oder gar ein Marder sprangen. Ja, ich kenne einen Fall, wo bei einer solchen Jagd ein Fischotter zur Strecke kam, allerdings in der Nähe eines großen Sees.

Ob die verheerende Myxomatose allmählich abklingen wird und die Karnickel gegen Ansteckung immun werden, muß sich noch zeigen. Wohl überleben immer wieder einige Exemplar den Pestzug dieser Seuche; zu einer wirklichen dauernden Gesundung dieser Wildart ist es bisher aber leider noch nicht gekommen.

Das beste Karnickelrevier, das ich kennengelernt habe, lag im Warthegau. Das wildreichste Treiben in diesem vorzüglich gepflegten Niederwildrevier war eine Fichtenschonung, die sich, teils breiter, teils schmäler, am Ufer eines langgestreckten Sees hinzog. Für die Jagden waren breite Schneisen durchgeschlagen, um das Schießen auf die zahlreich vorkommenden Fasanen und Karnickel und auch das Ansprechen der Hähne zu erleichtern.

Zwischen diesen Jagdschneisen, die jeweils die Grenzen der einzelnen Treiben darstellten, waren an Stellen, wo die Dickung schmäler war, schmale ›Krähenfüße‹ durchgeschlagen, die vom oberen Feldrand bis zum unteren Seeufer reichten und von ein bis zwei Schützen gut beschossen werden konnten. Besonders die unteren, an den Schilfrand des Sees grenzenden Enden dieser Schneisen waren beliebte Pässe, sowohl für die dort sehr zahlreich vorkommenden Karnickel wie auch für Hase, Fuchs und sogar Fasanen. Denn auch die bunten Gockel strichen am liebsten am Seeufer entlang, so daß die geschossenen Hähne oft von den Hunden aus dem Wasser apportiert werden mußten.

Die ganze, sich weit am Ufer hinziehende Schonung war ein Dorado für jegliches Niederwild, das dort die nötige Deckung und Ruhe, vorzügliche Äsungsmöglichkeiten auf den angrenzenden Feldern sowie auch Wasser und sonnige Huderstellen an den sandigen Uferböschungen fand. Das Schießen auf diesen ›Krähenfüßen‹ mußte flink gehen, denn in Sekundenschnelle waren die grauen Flitzer über die gefahrvolle, aber einzig mögliche Schußstelle hinüber.

Kaninchen lassen sich bekanntlich nur ungern weitere Strecken vorwärts treiben, sie verkrümeln sich in langen Treiben, so daß nur ein

Bruchteil der wirklich vorhandenen Kaninchen bis vor die Endschneise und damit vor die dort angestellten Schützen kommt.

Ich hatte bei einer dortigen Herbstjagd den Jagdherrn gebeten, mir zu erlauben, mich auf die ›Krähenfüße‹ inmitten des Treibens stellen zu dürfen, mit dem Versprechen, nur auf Karnickel zu schießen und alle Hasen, Fasanen sowie Fuchs unbeschossen durchzulassen. Die Erlaubnis wurde mir erteilt und ich bezog als alleiniger Schütze eine der schmalen Hilfsschneisen. Ich gebe zu, man mußte mehr als flink sein, um die grauen Bälle auf der schmalen Schneise zu erwischen. Aber gerade darin liegt ja der große Reiz einer guten Karnickeljagd.

Kaum, daß das Treiben angeblasen war, erschien auch schon Reineke, überquerte in kurzen Fluchten die Schneise und wurde von mir natürlich nicht beschossen.

Dafür knallte es sehr bald auf der großen Schützenlinie, wo nachher der Fuchs auch auf der Strecke lag. Auch ein Fasanenhahn kam, laut rufend, angestrichen, dem bald weitere Fasanen folgten.

Und dann erschienen die ersten Kaninchen, noch langsam anhoppelnd oder sogar auf der Schneise sitzenbleibend, so daß es mir fast eine Gemeinheit erschien, sie umzublasen. Das änderte sich aber sehr bald, und ich schoß auf blitzschnell vorüberhuschende graue Bälle. Ein Büchsenspanner wäre am Platz gewesen, um alle Kaninchen beschießen zu können, denn trotz Ejektor und schnellstem Nachladen huschten immer einzelne unbeschossen durch. Auf der eigentlichen Schützenlinie hatte auch ein Schnellfeuer eingesetzt, denn auch dort kamen ungezählte Fasanen, Hasen und Karnickel. An Wild war da wahrlich kein Mangel.

Als die Treiber bei mir auf die Schneise traten, um sich auszurichten, hoben sie auf den ›Krähenfüßen‹ und am Dickungsrande vierzehn Karnickel auf. Ich bedeutete dem Jagdaufseher, kurz zu warten, und lief schleunigst auf den nächsten ›Krähenfuß‹ vor. Auch dort kam ich noch gut zu Schuß, so daß meine Gesamtstrecke in diesem Treiben 21 Karnickel betrug, zu denen noch eine ganze Anzahl auf den eigentlichen Schützenständen geschossenen Laputzen hinzukam.

Eine annähernd große Strecke gelang mir einmal auf einer Waldjagd in der Nähe von Potsdam. An dieser Jagd nahmen zwei prominente Gäste teil, die natürlich die besten Stände bekommen sollten, um möglichst die Würde eines Jagdkönigs oder Kronprinzen unter sich zu teilen.

Getrieben wurde eine noch niedrige Kiefernschonung, die mit hohem, gelbem Gras durchwachsen war. Die Schützen standen auf einem breiten Waldwege, der sich durch ein schmales Stangenholz schrägparallel der Treiberlinie bis an den Feldrand an der linken Flanke des Treibens hinzog. Da ich in dem vorherigen Treiben schon guten Anlauf gehabt hatte, wurde ich auf einen ›toten‹ Posten, am Ende des Weges, am Feldrand postiert, wo dieser durch einen flachen Hohlweg lief. Der Jagdherr lächelte mitleidig, als er mich mit einer gutgemeinten Entschuldigung dort anstellte, denn er gönnte mir einen guten Posten bestimmt eher als der Prominenz, die sich zudem keineswegs durch gutes Schießen auszeichnete.

Es kam aber anders als gedacht. Irgendwie war im unübersichtlichen Gelände der rechte Flügel der Treiberwehr rascher vorgegangen als der linke, vor dem ich stand. Dadurch wurden die zahlreichen Karnickel, die nur zögernd das schmale Stangenholz vor der Schützenlinie annahmen, in meine Ecke gedrückt.

So kam es, daß ich sehr bald in heftigem Abwehrfeuer lag, wobei mir der Schuß auf die flüchtigen Karnickel noch dadurch erleichtert wurde, daß sie den flachen Hohlweg durch Hinauf- und Hinabspringen bewältigen mußten, wodurch sich ihre Schnelligkeit stark verringerte.

Als mich am Schluß des Treibens der Jagdherr etwas mitleidig fragte, ob ich auch zu Schuß gekommen wäre, konnte ich ihm eine Strecke von 13 Kaninchen melden, dank denen ich am Abend zum Jagdkönig proklamiert werden mußte – eine Würde, die ich nie geschätzt habe und immer gerne anderen überließ.

Ein guter Bekannter von mir, selbst nicht Jäger, aber vorbildlicher Heger und großer Naturfreund, besaß ein kaninreiches Revier, in dem er keine großen Jagden, wohl aber mit Vorliebe kleine Drückjagden veranstaltete. Zumeist waren wir zwei, höchstens mal drei Jäger, während der Jagdherr und seine beiden Buben die Treiber stellten. Acht bis zehn Karnickel, ein bis zwei Hasen und auch mal ein Fuchs waren die Strecke. Mir gelang dort einmal sogar ein Doppeltreffer auf Waldschnepfe und Kaninchen, denen sich im nächsten Treiben noch ein zweiter Langschnabel hinzugesellte.

Der Schuß auf Karnickel gilt als schwer! Ich glaube, es ist nur Übung und eine gewisse Schnelligkeit nötig, um auf Karnickeljagden seinen Mann zu stehen. Ich habe den Schuß auf hochflüchtig und breit kommende Hasen im Kessel immer für schwieriger gehalten und dementsprechend auch um manches schlechter geschossen. Möglich, daß ich als alter Waldjäger rasche Wurfschüsse besser gewohnt war als langes Zielen auf deckungsloser Fläche.

Es bleibt uns heute nur eine schwache Hoffnung auf erneute Zunahme der Karnickelbesätze, denn wo der Mensch glaubt, alles besser zu können als die weise Natur, ist nichts mehr zu erwarten.

Erinnerungen an den Elch

Seit dem Zweiten Weltkriege zieht der Elch, die größte und stattlichste Hirschart Europas, nicht mehr seine Fährte in deutschen Revieren.

Ostpreußen, das unvergeßliche Land der Wälder, Moore und Seen, war die letzte Heimat, wo dieses Urwild in Deutschland noch in freier Wildbahn gehegt und geschützt wurde.

Schon vor dem Ersten Weltkrieg war der ostpreußische Elch einmal an der Schwelle des Untergangs, als er von verantwortungslosen, hohen Verwaltungsstellen zum schädlichen Waldverwüster gestempelt wurde und seine völlige Ausrottung schon beschlossene Sache war. Damals gelang es einigen mutigen, einsichtsvollen Natur- und Wildfreunden, diese Gefahr noch rechtzeitig abzuwenden. Durch Hege und planvollen Abschuß wurden die ostpreußischen Schaufler zu den stärksten des europäischen Festlandes aufgeartet.

Das Ende des Zweiten Weltkrieges besiegelte dann das Schicksal dieser Riesen. Ostpreußen ging dem damaligen Reich verloren, eine zügellose Soldateska schoß in kürzester Zeit den ganzen Bestand an Elchwild zusammen – der deutsche Elch war ausgerottet.

Wohl soll die russische Verwaltung, laut unkontrollierbaren Gerüchten, russisches Elchwild erneut zur Einbürgerung in Ostpreußen ausgesetzt haben, doch sind das nur vage Gerüchte, denen wohl jede konkrete Unterlage fehlt.

Zur Zeit ist wohl Schweden das elchreichste Land in Europa, denn sowohl in Polen als auch im europäischen Rußland haben die Elchbestände durch den Krieg ebenfalls schwer gelitten, doch scheinen sie sich jetzt wieder langsam zu erholen.

Vor der Jahrhundertwende war der Elch im alten Baltikum, d.h. Kur-, Liv- und Estland, noch stark vertreten. Die sogenannte russische Revolution nach dem für Rußland verlorenen russisch-japanischen Kriege zehntete zwar den Elchbestand stark durch lettisch und estnische Wildererbanden, doch konnte man drei bis vier Jahre vor Ausbruch des Ersten Weltkrieges wieder von stärkeren Elchvorkommen dort sprechen.

Diese erneute Vermehrung war aber leider nur von kurzer Dauer. Der Krieg vernichtete, durch russische Soldaten und die einheimische lettische und estnische Bevölkerung, das Elchwild erneut fast völlig, und nur noch ganz schwache Bestände konnten sich bis zum zweiten Weltkriege durchmogeln. Dann wurden diese letzten Reste auch vernichtet, so daß auch im Baltikum kein Elch mehr seine Fährte zieht.

Ich habe das Glück gehabt, noch die letzte ›Blütezeit‹ der Elche in der alten Heimat mitzuerleben und auch heute, nach so vielen Jahrzehnten, zehre ich noch an diesen Erinnerungen an das für meine Begriffe schönste Hochwild. Ich weiß nicht woher, aber der Elch war seit meiner frühesten Kindheit das Sinnbild der Heimat mit ihren unermeßlichen Mooren und Wäldern. Vielleicht kam es daher, daß ich schon in jüngsten Jahren mit diesem urwüchsigen Wild ›in Verbindung‹ trat, indem ich es auf vielen winterlichen Schlittenfahrten mit meiner Jagd- und tierliebenden Mutter beobachten konnte. Wie oft standen dann Elche im verschneiten Birkenbruch, nahe den schmalen Holzabfuhrwegen, ästen an den für sie gefällten Espen und äugten vertraut dem Schlitten nach.

Dann lag auch eines Morgens die schwere Doppelbüchse von Meister Novotny, Prag, auf dem runden Tisch im Jagdzimmer, daneben eine Anzahl goldglänzender, schlanker Messingpatronen und der mit einem kleinen Dachskopf geschmückte Jagdmuff – ein Zeichen, daß mein Vater zur Elchjagd fuhr. Staunend und neugierig beschaute ich dann das Gewehr, die glänzenden Läufe, die metallschimmernden Hähne und den grünen, geflochtenen, mit Leder unternähten Gewehrriemen.

Es war mir streng verboten, die Büchse anzurühren, aber die Versuchung war doch zu groß, sie mal vorsichtig umzudrehen, so daß ich in die schwarzen ›Pupillen‹ der Läufe hineinschauen konnte. Einmal durfte ich dann als zehnjähriger Bub meinen Vater auf eine winterliche Elchjagd begleiten, auf der er einen Hirsch schoß. Wie unsagbar aufregend war es, als er im Schuß zusammenbrach und nur noch ein leises Zittern über seine Flanken lief, als wir an den Gestreckten herantraten.

Wie imposant sah er aus, als er dann vor der Rampe des Gutshauses lag, die langen, weißen Läufe ausgestreckt, den Kopf mit der mächtigen Muffelnase zur Seite gebeugt, aus dem die gelbbraunen langen Stangen seitlich hervorragten – ein Bild urwüchsiger Kraft und Schönheit!

Meist waren es Stangenhirsche, die geschossen wurden, denn richtige Schaufler kamen nur selten vor und erreichten nie die Stärke der Ostpreußen oder Schweden.

Eines Tages war es aber so weit, daß ich selbst als Schütze an einer Elchjagd teilnehmen durfte, auf die mein Vater und ich auf ein Nachbargut eingeladen waren. Nur vier Jäger nahmen an ihr teil und es sollten drei große Treiben gemacht werden, in denen mit Sicherheit Elche zu erwarten waren. Im ersten Treiben sah ich ein Tier mit Kalb von weitem, doch waren noch andere Elche vorgekommen, die aber nicht vor die Schützen gekommen, sondern seitlich ausgebrochen waren.

Das zweite Treiben bestand aus Kiefernaltholz, in dessen Mitte eine ausgedehnte Jungkiefernschonung lag, die vom Elchwild im Winter gern als Einstand gewählt wurde. Ich stand an einem Hang, der zu einer Senke abfiel, in der ein Bächlein floß, umgeben von dichten Erlen und Birken, während auf der anderen Seite das übersichtliche Kiefernholz-Gelände wieder anstieg. Ich führte eine einläufige, großkalibrige Büchse, die ein einfaches Langblei verschoß und mit der mein Vater schon manchen Elch gestreckt hatte.

Nach geraumer Zeit sah ich drei Elche, Tier, Kalb und Hirsch, im langsamen Troll den gegenüberliegenden Hang hinunterwechseln und im Gestrüpp der Senke verschwinden. Doch schon erschienen dort auf einer übersichtlichen Bestandslücke Tier – Kalb – und da war der Hirsch! Ich hatte die Büchse an der Wange und als der Hirsch frei wurde, fiel der Schuß. Es ging alles so rasch, daß ich keinerlei Schußzeichen sehen konnte, zumal der Beschossene auch sofort wieder im Buschwerk verschwunden war und Elche überhaupt auf eine erhaltene Kugel sehr wenig reagieren. Aber da überfielen Tier und Kalb die nächste Lücke – ich hatte noch nicht die Zeit gefunden, erneut zu laden – der Hirsch aber folgte nicht!

Erst jetzt ergriff mich das Jagdfieber so stark, daß meine Zähne hörbar aufeinanderschlugen und meine zitternden Hände kaum die Büchse in hastiger Eile laden konnten.

Dann kamen die Treiber den verschneiten Hang hinunter und verschwanden in der Senke.

Plötzlich erscholl ein mehrstimmiges Geschrei und lautes Rufen, ich stürzte hinunter – da lag der Hirsch in der Fährte zusammengebrochen. Die Kugel hatte den Wirbel am Halsansatz durchschlagen. Es war nur ein ungerader Sechserhirsch mit häßlich stumpfen Enden, aber doch mein erster Elch. Sein Geweih hing später, wie die aller im dortigen Revier geschossenen Hirsche, im großen Speisesaal des Gutshauses, versehen mit einem kleinen Schild, auf dem der Name des Erlegers nebst Datum und Ort verzeichnet war – in »Walhalla«, wie dieser Raum genannt wurde.

Im letzten Treiben, einem tiefverschneiten Fichten- und Kiefern-Stangenholz, fielen nach kurzer Zeit zwei Schüsse und etwas später noch ein dritter an der Flanke. Plötzlich schoben sich vor mir riesige schwarze Wildkörper durch das Stangenholz, bald fast völlig verdeckt durch die tiefhängenden Äste. Auf einzelnen Lücken konnte ich insgesamt elf Elche zählen, Tiere, Kälber, Schmaltiere und am Schluß drei Hirsche. Das Wild wußte scheinbar nicht so recht, von wo ihm Gefahr drohte und blieb hin und wieder sichernd stehen.

Doch plötzlich setzte sich alles in den für Elche so charakteristischen Troll.

Ich hatte die Büchse am Kopf, aber die Elche schoben sich immer wieder durcheinander oder überquerten eine Lücke so rasch, daß ich keinen Hirsch mit Sicherheit ansprechen konnte. Die Treiber waren näher gekommen, es gab ein wildes Geschrei, als sie der Elche ansichtig wurden – dann war der ganze Spuk verschwunden. Ich war im Grund froh, nicht geschossen zu haben, der Anblick der vielen Elche war allein ein gewaltiges Erlebnis und mein Hirsch lag ja schon auf der Strecke. Am Sammelplatz lag noch ein schwacher Gabler, den der Hausherr an der Flanke schoß, nachdem ein anderer Schütze einen stärkeren Hirsch gefehlt hatte. Insgesamt waren in diesem

Treiben 16 Elche vorgekommen und somit in allen drei Treiben des Tages zusammen etwa 30 Stück.

Sehr nachteilig wirkte sich damals das russische Jagdgesetz aus, nach dem nur Hirsche geschossen werden durften, während alles Kahlwild ganzjährige Schonung hatte. Das Geschlechtsverhältnis wurde dadurch immer schlechter, zumal die Lebensdauer eines Elches relativ lang ist. Die schlechte Geweihbildung war sicher zum Teil auf dies Verbot zurückzuführen. Die Elche im Baltikum und ebenso im nördlichen Rußland scheinen mir später abgeworfen zu haben als die Ostpreußen, denn ich habe noch Ende Dezember und Anfang Januar aufgesetzte Hirsche gesehen und vor Weihnachten fanden zuweilen noch kleine Elchtreiben statt.

Von einem fühlbaren forstlichen Schaden durch Verbiß, Schälen oder Niederreißen junger Bäume konnte damals keine Rede sein. Ich kann mich nicht erinnern, geschälte Kiefern oder Fichten gesehen zu haben. Wohl waren Jungkiefern hier und da mal verbissen, wenn sich ein Elchrudel zu Anfang des Winters in einer Schonung eingestellt hatte und diese, bei starkem Schneefall, oft tagelang nicht verließ. Man konnte dann glauben, keinen Elch im Revier zu haben.

Der einzige Baum, der bisweilen geschält wurde, war die Aspe im Stangenalter, doch spielte diese Holzart sowie die vielen verbissenen Weiden damals in der Forstwirtschaft überhaupt keine Rolle. Beide galten mehr oder weniger als forstliches Unkraut.

Die Brunft begann um den 20. August und zog sich bis Mitte September hin. Leider war die Jagd auf den brunftenden Elchhirsch im Baltikum fast unbekannt und wurde von den alten Jägern nicht ausgeübt. Denn gerade diese Jagdart, die ich später in Rußland kennenlernte, dürfte das aufregendste und erlebnisreichste sein, was die Jagd auf europäisches Wild überhaupt zu bieten vermag.

Ich kann mich nicht erinnern, je von einem auf den Ruf im Baltikum geschossenen Elchhirsch gehört zu haben, und habe dort auch nur wenige Male den Brunftschrei eines Elchhirsches gehört. Ganz im Gegensatz dazu war die Rufjagd auf Schaufler in Rußland und Polen sehr bekannt und die besten Hirsche kamen bei dieser Jagd zur Strecke.

So war das riesige Waldgut Naliboki, dessen Besitzer der bekannte Friedrich v. Falz-Fein war – er besaß außerdem das weltbekannte Tierparadies Askania Nova in der Nogaischen Steppe am Schwarzen Meer –, wegen seines Elchreichtums bekannt. Der Bestand an Elchen dort wurde auf ca. 600 Stück beziffert und alljährlich kamen dort 12 bis 15 starke Hirsche zur Brunftzeit auf der Rufjagd zur Strecke.

Unter den russischen Bauernjägern, Wildhütern und auch Wilddieben gab es manche, die unerreichbare Künstler im Imitieren von Tierstimmen waren. Sei es nun das Anheulen von Wölfen, das Rufen des brunftenden Elchhirsches oder das Locken von Birkhahn oder Haselhahn. Meist lockten diese Naturmenschen ohne künstliche Instrumente, es sei denn, daß sie zum Rufen brunftender Elche eine aus Birkenrinde gefertigte Schallröhre oder zum Haselhahnspissen eine aus Kolkraben-Flügelknochen selbstgefertigte Lockpfeife benutzten.

Sonst bedienten sie sich ausschließlich der eigenen Stimme, die durch die hohlen Hände mehr oder weniger moduliert wurden. Wer einmal das »Anheulen« von Jungwölfen von so einem Meister gehört hat, vergißt es bestimmt sein Leben lang nicht, denn es gibt kaum etwas Schaurigeres und zugleich Wehmütigeres als diese auf- und abschwellenden, langgezogenen, jaulenden Töne.

Bei einem Gutsnachbarn, dessen Revier am Westufer eines mir gehörigen über 1000 Morgen großen Sees angrenzte, fand alljährlich

Ende September – Anfang Oktober eine zweitägige Waldtreibjagd statt. Das Revier bestand hauptsächlich aus Laub-Bruchwald, teilweise durchsetzt mit Fichten- und Kiefernjungholz. Eine Anzahl kleiner Seen, die fast alle durch schmale Bäche und Wasserläufe miteinander verbunden waren, durchzogen das Gelände. Es war ein idealer Einstand für alles Wild, angefangen vom Elch und Auerhahn bis zum Fischotter und Schneehasen. Zahlreiche Enten belebten das Wasser, Waldschnepfen und Bekassinen fand man überall und Uhu, Fischadler, Graureiher und Schwarzstorch hatten dort ihre Horste. Am Ufer eines der Seen lag ein kleines Jagdhaus, in dem der zuständige Revierförster wohnte und immer zwei Zimmer für den Jagdherrn und seine Gäste bereitstanden.

Es war fast jedes Jahr die gleiche kleine Jagdgesellschaft von vier bis fünf Schützen, die an diesen Treiben teilnahm, so daß die gemütlichen Abende vor oder nach der Jagd bei brennendem Kamin und vorzüglichem Rotspon schon allein genügt hatten, um möglichst jedes Jahr dabei zu sein. Die Strecken zeichneten sich mehr durch Mannigfaltigkeit als durch Stückzahl aus: so erinnere ich mich an eine zweitägige Jagd, auf der 1 Elchhirsch, 2 Rehböcke, 2 Füchse, 1 Fischotter, einige graue und weiße Hasen, Hasel- und Birkhühner sowie 1 Waldschnepfe, 1 Krickente und 1 Hühnerhabicht auf der Strecke lagen.

Auf einer dieser Herbstjagden hörten wir trotz der schon weit vorgeschrittenen Jahreszeit – es mag Anfang Oktober gewesen sein – beim Anstellen der Schützen einen Elchhirsch im bevorstehenden Treiben rufen. Im Treiben kamen dann auch zwei Tiere, gefolgt von einem starken Hirsch, bei einem der Schützen heraus, der aber nicht schnell genug seine Schrotflinte mit der Büchse vertauschen konnte, so daß er den Hirsch in der Hast und Aufregung fehlte.

Im übernächsten Treiben standen wir auf einer langen Schneise, die am Ufer eines kleinen Sees auslief, wobei ich, als letzter Schütze, dicht am Seeufer angestellt war. Ich führte damals einen Drilling, der auf diesen Waldjagden die einzig richtige Waffe war. Kurz nach Beginn des Treibens stand plötzlich ein Elchhirsch, breit wie eine Scheibe, auf der Schneise und äugte diese entlang. So hatte ich genügend Zeit, ihm einen ruhigen Schuß anzutragen. Ohne zu zeichnen, wie das bei Elchen zumeist der Fall ist, verschwand der Hirsch im dichten Unterholz, doch war ich meines Schusses sicher. Als die Treiber auf die Schneise traten, ging ich zum Anschuß und schon nach wenigen Metern fand ich eine starke Rotfährte mit einwandfreiem Lungenschweiß. Im Moorboden war der Fluchtweg auch so leicht zu halten, denn große schwarze Torf- und Erdstücke hatte der Todwunde mit seinen Schalen aus dem Boden gerissen. Ich brauchte nicht weit zu suchen, denn dicht am Schilfrande des Sees, im flachen Wasser eines dort mündenden kleinen Baches, lag der verendete Hirsch – ein alter Spießer mit krummen Stangen und faulen Enden – ein ausgesprochener Abschußhirsch.

Da in diesem Revier in den letzten Jahren nur zwei Elchhirsche geschossen worden waren, beides schlecht veranlagte Althirsche, gab der Jagdherr noch einen guten Stangenhirsch frei – unter strenger Schonung von jeder Art Schaufler. Das letzte Treiben des Tages bestand aus einem ausgedehnten Birkenbruch, dem eine stark lükkige, etwa 10jährige Fichtenschonung vorlag. Ich stand auf einer schmalen Wiese unter einer alten Birke und konnte die ganze Schonung gut übersehen. Nachdem die Treiber angegangen waren, kam erst ein Auerhahn niedrig über die Schonung gestrichen, um in fast greifbarer Höhe genau über meinen Kopf zu brausen – ein herrlicher Anblick. Ihm folgte sehr bald ein Flug Birkwild von vier oder fünf Stück, der seinen Kurs auf den Nachbarschützen hielt, der dann mit elegantem Schuß einen schwarzen Hahn aus der Luft holte. Da erscholl bei den Treibern lautes Rufen: »Breedis, Breedis« (d.h. auf lettisch Elch!), und schon sah ich einen Elch durch die Schonung direkt auf meinen Stand zutrollen, den ich sofort als starken Stangenelch erkennen konnte. Zwanzig Meter vor der Wiese verhielt er plötzlich und sicherte mit hocherhobener Muffel zu mir hin. Diesen Moment konnte ich benutzen, um ihm eine Kugel auf den Stich zu setzen, die ihn in der Fährte zusammenwarf. Es war ein ausgesprochener Stangenhirsch, ein Achter mit starken Stangen und gut vereckten Enden. Als Kuriosum zeigte er einen hellen, gelblich-grauen, handflächengroßen Fleck an der linken Halsseite, der wohl durch eine schwere Brunftkampfwunde entstanden sein mochte, ähnlich den weißen Flecken, die Pferde durch Druckstellen von Sattel oder Anspann oft am Widerrist aufweisen. Ich ließ mir damals die Elchdecke gerben, die dann, vor dem Kamin in meinem Schreibzimmer ihren Platz fand. Manche besinnliche Stunde habe ich dort gesessen, wenn mein Hund mir zu Füßen lag und meine Augen über die Geweihe und Gehörne an den Wänden wanderten und alte Erlebnisse wieder lebendig wurden.

Heute sind Elche, Geweihe, Decke und Kamin sowie alle Trophäen längst ein Opfer des Ostens geworden – geblieben sind nur noch die Erinnerungen eines alten Mannes an jene glücklichen Tage und an jenes Stück Erde, das man »Heimat« nennt.

Elchjagd mit dem Ruf

Obwohl eine ganze Anzahl europäischer Länder mehr oder weniger reiche Elch-Bestände aufweisen, ist die Jagd mit dem »Ruf« auf den brunftenden Elchhirsch in den meisten von ihnen unbekannt und wird daher auch nicht ausgeübt. In Schweden schießt man die Mehrzahl der Elche in groß angelegten Treiben während der kurzen Schußzeit, während in Norwegen die Elchjagd fast nur hinter dem ›Loshund‹ ausgeübt wird. In den übrigen Ländern werden Elche allerdings zum großen Teil während der Brunft erlegt, da sie dann leichter zu haben sind, doch geschieht das kaum je auf den Ruf.

Früher war diese Jagdart, insbesondere in Polen und in Rußland, gut bekannt. Polen hatte vor dem Ersten Weltkriege sehr starke und gute Bestände an Elchwild und die Jagden wurden auf den dortigen großen Gütern waidgerecht ausgeübt. Der Pole war und ist ja nicht nur guter Jäger, sondern auch vorbildlicher Heger und guter Kenner

seines Wildes. Um nur ein Beispiel zu nennen, möchte ich die große, in den Rokitnosümpfen gelegene Besitzung ›Naliboki‹ erwähnen. Dieses Riesengut gehörte dem bekannten Friedrich v. Falz-Fein, dem Begründer des einmaligen ›Steppenparadieses Askania-Nova‹ in Taurien, Südrußland.

Vor dem Ersten Weltkriege wurde der feste Bestand an Elchwild Naliboki auf 700 Stück geschätzt. Die alljährlich zum Abschuß kommenden Elchhirsche, insbesondere die starken wurden fast ausschließlich während der Brunft auf den Ruf geschossen – eine Jagdart, die, was Aufregung und Erlebnisse anbelangt, wohl einmalig sein dürfte. Ein guter Bekannter und Jagdfreund von mir, der in Dorpat (Livland) mit Falz-Fein zusammen studiert hatte, schoß dort alljährlich ein bis zwei Elchhirsche. Die Geweihe, teils Schaufler, teils starke Stangenhirsche, wohl 12 bis 15 an der Zahl, habe ich oft an der Wand seines Schreibzimmers im Forsthaus bewundert und manche Stunde mit ihm über diese Jagdart verplaudert.

Durch diesen Jagdfreund kam ich 1912 auch nach ›Askania-Nova‹, das damals wohl auf der Höhe seiner Entwicklung stand und im Jahre 1913 auch vom Zaren Nikolaus II. besucht wurde.

Damals lud mich Falz-Fein auch zur Elchbrunft nach Naliboki ein, wo er mir, neben freier Büchse auf starke Sauen und Wölfe, einen Schaufler zum Abschuß freigab. Leider machte der Erste Weltkrieg alle meine Zukunftspläne und jagdlichen Erwartungen zunichte, so daß ich das Elchparadies Naliboki nicht selbst erlebt habe.

Ich lernte die Jagd auf den Brunftelch aber doch noch kennen, und zwar in Ingermanland, im späteren ›Wolchow-Kessel‹. Ein Vetter von mir war dort Forstmeister auf einem großen Waldgut, das einer deutschen Firma gehörte, die in Narwa große Spinnereien besaß. Ich habe dort viel gejagt und neben einmaligen Suchjagden mit englischen Pointern auf Birkwild und Moor-Schneehühner auch sehr gute Auerhahnbalzen sowie Lappjagden auf Luchse mit Erfolg mitgemacht.

Der Elchbestand dort war gut, wenn es auch neben wenigen Schauflern fast nur Stangenhirsche gab. Mein Vetter schoß fast jährlich einen guten Hirsch auf den Ruf und lud mich großzügig unter Verzicht auf eigenen Abschuß zu einem solchen ›Brunfthirsch‹ ein. Einer seiner russischen Buschwächter war vollendeter Könner im ›Rufen‹, einer Kunst, die nur durch langjährige Übung, gute Kenntnisse und schärfste Beobachtung des brunftenden Elches sowie entsprechende Stimmbegabung zu erreichen war. Beim Rufen kam es nicht nur auf genaue und naturgetreue Nachahmung des Brunftschreies an, das ganze Verhalten, insbesondere das wütende Schlagen und Brechen des brunftigen Hirsches, mußte mit äußerster Genauigkeit und Naturtreue nachgeahmt werden.

Anfang September 1913 traf ich bei meinem Vetter ein, dessen Forsthaus zwar einsam, aber idyllisch am hohen Ufer eines Flusses, der Pljussa, lag; dort gab es unzählige Krebse von nie gesehener Größe. Obwohl es heißt, »Krebse ißt man nur in den Monaten ohne R«, setzten wir uns über diese Regel hinweg. Denn wohl nicht mit Unrecht vermutete man, daß die alten Mönche diese Regel für das ›Volk‹ ausgesprengt hätten, da der Krebs gerade im September und Oktober, vor der Winterruhe, am fettesten ist und daher besonders gut schmeckt.

So gab es denn auch gleich am ersten Abend eine Riesenschüssel voller roter Krebse, natürlich mit den nötigen hausgemachten Schnäpsen.

Das Wetter war leider warm und regnerisch, was für die Brunft ungünstig war, da der Elch, genau wie der Rothirsch, kaltes, klares Wetter liebt. Bisher hatte noch kein Elch geschrien, aber der alte Rufer Jegor meinte, daß der Brunftbetrieb sofort einsetzen würde, wenn sich die Wetterlage änderte.

Der Elchhirsch treibt nie ein Rudel Kahlwild zusammen, wie es der Rothirsch tut. Er sucht sich ein brunftiges Tier, mit dem er dann drei bis vier Tage zusammen bleibt, um es nach dem wiederholten Beschlag wieder zu verlassen, um ein neues brunftiges Tier zu suchen. Dadurch ist auch die hohe Anzahl ›suchender‹ Hirsche zu erklären, die gerade die Jagd mit dem Ruf so erfolgreich und aufregend macht.

Der Brunftschrei des Elches ist – im Vergleich mit dem kraftvollen, dröhnenden Schrei des Rothirsches – leise und unmelodisch. Ich glaube kaum, daß man den Brunftschrei selbst im stillen, kalten Nächten weiter hören kann als auf 300 Meter. Der Ruf ist mehr ein dumpfes Stöhnen in höherer Tonlage, das oft in ein ruckweises Husten ausläuft.

Neben der naturgetreuen Nachahmung des Rufes, wobei noch die Stärke des anzulockenden Hirsches zu berücksichtigen ist, da die Antwort stets einen schwächeren Hirsch darstellen muß, ist die Nachahmung des Verhaltens eines Gegners von größter Wichtigkeit.

Endlich brach dann ein kalter, klarer Tag mit leichtem Frost an, der schon gegen Abend den Boden mit weißem Reif überzog. Der alte Jegor meldete sich prompt im Forsthaus und meinte, die Brunft hätte begonnen und die Hirsche würden diese Nacht bestimmt schreien.

So fuhr ich mit ihm um elf Uhr abends im kleinen Einspännerwagen die 12 Kilometer bis zum Rande des großen Moores, dem besten Einstand der Elche dort.

Die Fahrt in der dunklen Herbstnacht war kein Vergnügen. Der ungefederte Wagen stieß und sprang auf den schlechten Waldwegen, die voller Wurzeln, Löcher und sogar alten Stubben waren. Das Pferd wurde ausgespannt und mit langem Zügel an einen Stamm gebunden, so daß es das hingeworfene Heu gut aufnehmen konnte. Dann schlichen wir, Jegor voraus, ich dicht hinterher, am Moorrande weiter, um eine bestimmte Stelle zu erreichen, von der aus Jegor es als sicher annahm, daß von dort das Rufen eines brunftigen Elchs zu hören wäre. Noch deutete nichts auf das kommende Morgenlicht, tiefdunkle Nacht bedeckte alles ringsum, so daß selbst in nächster Nähe stehende weiße Birkenstämme sich nur verschwommen von der Umgebung abhoben.

Wir mochten eine Stunde so gesessen haben, als Jegor plötzlich aufstand, mir mit einer kurzen Handbewegung zu verstehen gab, ich möge sitzen bleiben, und dann lautlos in der Dunkelheit verschwand. Trotz angestrengtesten Hinhorchens konnte ich keinen Laut hören, der mir einen brunftigen Elchhirsch anmelden konnte, aber in der Ferne rief nur ein Uhu sein dumpfes ›Buhu‹.

Nach etwa zehn Minuten erschien Jegor wieder und deutete mir aufgeregt an, daß ein Hirsch schreie. Während wir langsam vorgingen, benahm sich Jegor alles andere als still und vorsichtig. Im Gegenteil, er streifte mit voller Absicht Weidenbüsche, brach sogar einige am Boden liegende, trockene Äste und warf zuletzt, mit viel Krach und Getöse, einen faulen, dicken Birkenstrunk um.

Und da hörte ich plötzlich auch den Hirsch: er rief ein-, zweimal, kurz und böse und vollführte dann durch Brechen und Stampfen einen gleichen Lärm wie Jegor. »Er kommt«, flüsterte er mir zu, wies mich an, an einem Weidenbusch stehen zu bleiben, und zog sich selbst etwa fünfzig Schritt hinter mich zurück. Dort rief er den Hirsch mehrmals an, ahmte auch das stoßweise Stöhnen des ›annehmenden‹ Hirsches nach und fuhr dann fort zu schlagen, zu brechen und wieder auf seiner Birkenrinden-Tüte zu rufen. Es war mittlerweile so weit hell geworden, daß man auf zwanzig Gänge einzelne Büsche oder Baumstämme wenn auch mehr ahnen, als wirklich sehen konnte.

Ich habe in meiner langjährigen Jägerpraxis keinen Moment kennengelernt, der so aufregend gewesen wäre, wie diese Minuten der Wartezeit hier im Moor. Vor Herzklopfen glaubte ich nichts mehr hören zu können. Ich riß den Mund auf und starrte in die schwarzblaue Dämmerung vor mir, indes das Herz zum Zerspringen klopfte und die Pulse in den Schläfen flogen.

Vorsichtig versuchte ich die Büchse hochzunehmen und ein Ziel anzuvisieren. Von Kimme und Korn war kaum etwas zu sehen, aber die alte, gewohnte Büchse lag mir so gut, daß ich auf die nahe Entfernung, auf die ich den Schuß wohl würde abgeben müssen, das nötige Ziel bestimmt zu finden hoffte. Und dann hörte ich auch den Elch langsam näher ziehen. Das Wasser planschte und der moorige Boden gurgelte bei jedem Schritt unter den gespreizten, breiten Schalen des anwechselnden Wildes.

Ein Elchhirsch in vollster Brunfterregung bietet einen Anblick, der einem durchaus Furcht einflößen kann: den Kopf, mit der langen Muffel gesenkt, Mähne und Rückenhaare steil aufgestellt, schiebt er sich mit merkwürdig schleppenden Laufbewegungen in Zickzack-Richtung vor. Selbst bei Dunkelheit vermeint man, das Weiß der wütend nach oben gerichteten Lichter zu sehen; das kurze, stoßweise Keuchen trägt noch zur furchteinflößenden Wildheit bei.

Das Stampfen im Moorboden kam immer näher und kurz darauf konnte ich die schwarzen Umrisse des Hirsches erkennen. Da der Wind gut stand, der Hirsch wohl auch in äußerster Brunfterregung war und Elchwild überhaupt schlecht äugt, zog er schnurgrade auf mich zu. Ein Schuß spitz von vorn, besonders bei dem tiefgesenkten Grind, war fast unmöglich, da der Stich völlig verdeckt war und die Kugel nur zuleicht die breite Muffel fassen konnte.

Zum Zerreißen gespannt stand ich mit angebackter Büchse da – der Hirsch kam unentwegt näher – 20 Gänge, 15 Gänge. Als er nur noch 10 Schritt entfernt war, machte er eine kurze Drehung – da fiel mein Schuß, schräg von vorn auf den Halsansatz.

Im Knall warf sich der schwere Körper blitzartig herum, laut krachend horte ich den Elch fortflüchten, dann einen dumpfen Fall, ein Schlagen und Stöhnen, und nun Stille.

Langsam kam Jegor heran und sagte nur: »Gotow«, das heißt »fertig«. Der Elch lag in der Fährte zusammengebrochen, ein ungerader Stangen-Achter mit schwacher Schaufelbildung in der linken Stange – ein alter Hirsch.

Die Weltkriege haben auch dieses Elchparadies zerstört. Der Zweite Weltkrieg führte mich zufällig durch das Revier und an der alten Försterei vorüber. Der Wald war abgeholzt, die Gebäude nur noch zerfallene Balkenhaufen, und nur einige wenige Elche zogen noch dort ihre Fährte, wie mir ein ehemaliger alter Buschwärter erzählte.

Erinnerungen eines Brackenjägers

Schon als siebenjähriger Bengel durfte ich meinen Vater auf kleinen Stöberjagden mit Bracken begleiten. Diese fanden meist im ›Kirchhofswäldchen‹ statt, einem unweit des Gutshofes gelegenen Waldstück von etwa 600 Morgen. Mein Vater stellte sich dann am Hang des ›Kranichberges‹ auf einen totsicheren Fuchs- und Hasenwechsel, indes der ›Buschwächter‹ die vier oder sechs Hunde an der entgegengesetzten Seite des Wäldchens loskoppelte, um dann durch das Hornsignal ›Sucher‹ den Beginn der Jagd anzuzeigen. Es dauerte zumeist nicht lange, bis die Hunde einen Hasen gehoben hatten, der dann – nach einer kürzeren oder längeren Runde, auf dem Kranichbergwechsel erschien und zu meiner unbeschreiblichen Freude von meinem Vater geschossen wurde.

Es kam aber auch vor, daß die Meute einen Fuchs hochgemacht hatte, was meinen Vater am Lautgeben der Hunde und an der Art, am aufgestöberten Wild zu jagen, sofort erkannte. Dann hieß es mäuschenstill dazustehen, obwohl das wildklopfende Herz hoch in der Kehle pochte – und auch der Fuchs hielt den Wechsel und rollte im Schuß zusammen.

Einst war ein Onkel aus der Stadt zu Weihnachten zu Besuch gekommen und da er angab, auch Jäger zu sein, wurde er zu einer dieser Jagden mitgenommen, bewaffnet mit einer langläufigen Lefauchez-Flinte aus dem Gewehrschrank meines Vaters. Als Gast sollte er natürlich – wo immer möglich – zu Schuß gebracht werden. Es wurde ihm daher der Hauptwechsel am ›Kranichberg‹ angewiesen, während mein Vater sich, nicht weit davon entfernt, an einem Nebenwechsel postierte. Ich stand, wie immer, neben meinem Vater, voller Spannung diesmal den Onkel schießen und treffen zu sehen, wie ich das bei meinem Vater gewöhnt war. Die Jagd kam auch bald näher, aber der ›weiße‹ Hase – um einen solchen handelte es sich diesmal – zog es vor, nicht den Onkel auf dem Hauptwechsel anzulaufen, sondern den Nebenwechsel zu halten, an dem mein Vater stand. Langsam, gemächlich kam Lampe angehoppelt, hin und wieder einen Kegel machend, um nach den folgenden Hunden zu sichern.

Schon hob mein Vater das Gewehr. Gleich mußte der erlösende Schuß fallen – da ertönte plötzlich die laute Stimme meines Onkels: »Georg, Georg, paß auf, er kommt – da kommt er!« Mit hohem Drehhaken verschwand der Hase in den Fichten, denn mein Vater konnte vor Lachen nicht mehr schießen.

Ich aber schrieb, voller Empörung und Verachtung, den braven Onkel ein für alle Mal als Jäger ab!

Spitzenhund der Brakenmeute meines Vaters war einige Jahre hindurch eine relativ kleine, aber sehr schnelle Hündin, die, dank ihrer guten Nase und großen Passion, zumeist auch als erste fand und eine schmal angefallene Spur nicht mehr verließ. So war es auch fast selbstverständlich, daß ›Waldine‹ als Erste anjagte, als ich einstmals, schon als Student, an einer Brackenjagd zu Hause teilnahm. Da ich das Revier gut kannte und junge, lange Beine hatte, erreichte ich als erster einen bekannt guten Wechsel, der über eine breite Jagenschneise führte. Ich brauchte auch nicht lange zu warten bis das volle Geläut der achtköpfigen Meute sich meinem Stand näherte. Plötzlich ›schrie‹ einer der jungen Hunde auf, zwei andere Stimmen fielen ein und geteilt jagte gleich darauf die Meute an zwei Stück Wild in gleicher Richtung. Ich stand schußbereit und beobachtete die Schneise vor mir, denn jeden Moment mußte das Wild erscheinen. Da huschte auch schon ein starker graue Hase über die Schneise und rollte in meinem Schuß zur Seite. Zehn Schritte weiter aber folgte ihm ein Schneehase, den das Schrot meines zweiten Schußes ebenfalls faßte und am Waldrand hinwarf. Es dauerte nicht lange, da erschien ›Waldine‹ als erste auf der Spur des grauen Hasen, gefolgt von vier anderen Hunden, während die restlichen drei jungen Hunde die Spur des ›Weißen‹ hielten. Durch einen glücklichen Zufall war mir so eine Dublette auf grauen und weißen Hasen gelungen, dazu noch vor Hunden. Der ›Weiße‹ war wohl plötzlich vor den jagenden Hunden hochgeworden und wurde dann von den jungen Hunden auf Sicht angejagt, während die alte ›Waldine‹ und mit ihr die älteren Hunde, die einmal angefallene Spur des grauen Hasen weitergehalten hatten, ohne auf Sicht zu changieren. Eine gleiche Dublette auf grauen und weißen Hasen ist mir nur noch einmal, nach etwa 20 Jahren, bei einem Waldtreiben gelungen.

Auch meinen ersten Fuchs habe ich vor Hunden geschossen und zwar auf einem Nachbargut. Der Besitzer dieses Gutes, Onkel Hamilkar, war leidenschaftlicher Brackenjäger, bis in die Knochen konservativ und eigensinnig. Durch die starke Verbreitung des Rehwildes (das Rehwild war in Livland erst um 1870 von Süden her eingewandert) wurde ein Jagen mit hochläufigen Bracken immer schwieriger und viele Jäger hatten ihre Meute, zu Gunsten der Jagd auf Rehe, abgeschafft und damit der Brackenjagd endgültig abgesagt. Nicht so aber Onkel Hamilkar! Er hatte sich in den Kopf gesetzt, auch weiterhin seine so heißgeliebte »laute Jagd« ausüben zu können und als er sah, daß seine ersten Bemühungen, die Rehe in seinem Revier durch radikalen Abschuß wieder auszurotten, keinen Erfolg hatten, entschloß er sich, seine Brackenmeute rehrein zu erziehen. Bei einzelnen Hunden ist die Erziehung zum rehreinen Jagen nicht schwer zu erreichen; bei einer Meute von fünf bis sechs Koppeln, wie Onkel Hamilkar sie stets besaß, bedarf es jedoch schon langer Arbeit und vieler Mühe, sämtlichen Hunden beizubringen, daß Rehfährten für sie ein für allemal Tabu sein sollen. Konservativ, wie Onkel Hamilkar nun einmal war, hatte er auch niemals englisches Foxhound-Blut in seine Meute eingekreuzt, wie dies vielfach in späteren Jahren üblich wurde. Seine Hunde stellten nach wie vor den reinen Typ der alten baltischen Bracken dar, d.h. schwarze, rotbraun gebrannte Hunde, vereinzelt mit weißem Brustlatz, Stirnblässe, Nackenkragen und weißen Pfoten. Was keiner der alten Jäger geglaubt hätte, was vielfach verspöttelt und als Marotte des alten Herrn angesehen wurde, gelang: nach etwa drei Jahren konnte Onkel Hamilkar seine Meute von zehn Hunden siegreich als völlig rehrein vorführen. Sie war wohl die einzige so kopfstarke Meute, die wirklich rehrein war. Ich habe noch andere kleinere Brackenmeuten kennengelernt, die auch rehrein sein sollten, jedoch immer wieder der süßen Witterung des Rehwildes unterlagen und – (lauthals) wenn auch nicht lange – so doch die Rehe anjagten.

Am 14. November feierte der gute Onkel Hamilkar seinen Geburtstag, zu dem auch ich geladen war. Vorsichtshalber und für alle Fälle nahm ich meinen Drilling mit. Denn in einem so jagdlichen Haus wie bei meinem Onkel, konnte man nie wissen, ob man ihn nicht nötig haben würde. Wie damals auf dem Lande üblich, verließen die Gäste erst am Abend des zweiten Tages das gastliche Haus und auch ich packte Koffer und Drilling, mit der Absicht abzureisen. Als aber der alte Diener Robert mit meinem Gepäck das Vorzimmer betrat, in dem die anderen Herren bereits in Pelz und hohen Fellmützen das Vorfahren ihrer Schlitten erwarteten, bemerkte der Onkel meinen Gewehrkoffer. Unbemerkt nahm er mich beiseite und flüsterte mir leise zu: »Junge, das hast du richtig gemacht, du bleibst hier und morgen koppeln wir die Hunde los!«

Und so geschah es! Es war ein schöner, sonniger Novembertag. Eine leichte Schneedecke bedeckte die Landschaft, als wir am nächsten Morgen, begleitet vom Piqueur mit der vollzähligen Meute von fünf Koppeln Bracken, in den Wald zogen. Schon gleich hinter dem Hofe sahen wir die Perlenschnur einer Fuchsspur im Schnee, in welche die Hunde, interessiert und aufgeregt wedelnd, ihre Nasen steckten. Das Revier war ideal für Brackenjagd: kleinere und größere Gehölze wechselten mit Ackerbreiten und Wiesen, um zuletzt in geschlossenen Hochwald überzugehen. Onkel Hamilkar und ich bezogen zwei bekannte, nicht weit voneinander gelegene Hasenwechsel, indes der Piqueur, weit ausholend, die Hunde losgekoppelt hatte und mit dem Hornsignal »Suche« den Beginn der Jagd anzeigte. Weit entfernt von meinem Stand sah ich einen Sprung Rehe über eine Wiese wechseln und im Gestrüpp eines Waldstückes verschwinden.

Ich war gespannt, wieweit die Meute meines Onkels nun wirklich rehrein war und wie sich die Hunde benehmen würden, wenn sie auf die frischen Rehfährten stießen. Es dauerte auch nicht lange, da erschienen auf der Wiese vier Hunde, die Nase tief am Boden, genau die Rehfährten haltend. Langsam folgten sie den Fährten, aber kein Laut kam aus ihren Kehlen, auch steigerten sie ihre Schnelligkeit nicht. Und dann machten sie plötzlich alle kehrt. Wohl äugte ein Hund noch einmal in Richtung der geflüchteten Rehe, dann aber verschwanden sie wieder, suchten im Walde, aus dem sie gekommen waren. Auch Onkel Hamilkar hatte Rehe und Hunde beobachtet, verließ seinen Stand und kam bedächtigen Schrittes zu mir.

»Na, Junge« meinte er – »was sagst du nun zu deinem Onkel, den alle ausgelacht haben. Mit dieser Meute kann ich doch jagen, auch wenn es hier von Rehen wimmeln sollte!«

Ich konnte nicht anders, ihm meine ehrliche Bewunderung für die Arbeit seiner Hunde auszudrücken und ihm zu seinem Erziehungserfolg herzliches Waidmannsheil zu wünschen. Ich gönnte dem guten, alten Onkel aufrichtig die Freude, noch weiter mit seinen geliebten Bracken jagen zu können und auch den Triumph, trotz aller Spöttereien und Zweifel, sein Ziel erreicht zu haben.

Da schlug plötzlich unten im Bruch ein Hund an, andere fielen ein und in wenigen Augenblicken jagte die ganze Meute, geschlossen und

voll Hals gebend, auf einer frischen Spur. Und schon schmetterte das Horn des Piqueurs das erregende Signal »Fuchs hoch« in die klare Winterluft, in der die Töne wie Wellen in der Ferne am blauen Waldsaum, verebbten. »Rasch, Junge«, rief der Onkel, »lauf diesen Weg nach rechts hinunter und stelle dich an der alten Fichte an; dort ist ein Wechsel, auf dem du sicher zu Schuß kommen wirst!«

Das ließ ich mir nicht zweimal sagen – in langen Schritten und immer wieder nach dem Geläut der Hunde hinhorchend, rannte ich den Weg entlang. Aha – da war die Fichte, nein da war ja noch eine und dreißig Schritt weiter die Dritte! Wo war nun der wirkliche Wechsel? Wo würde der Fuchs kommen? Vielleicht besaß ich schon damals jenen sicheren jagdlichen Instinkt – ich weiß es nicht – aber als ich das Gelände mit raschen Blicken gemustert hatte, entschloß ich mich, noch weitere 40 Schritt dem Weg zu folgen, wo ebenfalls eine alte Fichte ihre langen Äste bis fast zur Erde neigte und wo es mir irgendwie und unbewußt »nach Fuchs zu riechen« schien. Mit fertigem Gewehr stand ich dann und bohrte meine Blicke in das Unterholz, um nur ja nicht den Fuchs zu verpassen. Doch die Jagd hatte sich entfernt und hielt Richtung auf den Wechsel, an dem sich mein Onkel postiert hatte. Wie herrlich klang doch das Geläute der Hunde mit den verschiedenen Stimmen zusammen: da waren die hellen, hohen Stimmen der alten ›Juno‹ und ihrer beiden Töchter, der tiefe Baß der Rüden ›Pauka‹ und ›Sagrei‹ und zwischendurch die, im Doppelten, sich überschlagenden Stimmen der jungen Rüden. Auf der warmen Spur jagte die Meute fließend und pausenlos, denn Reineke kennt trotz seiner sprichwörtlichen Schläue niemals alle die Ränke, Schliche, Widergänge und Absprünge wie sie der alte erfahrene Waldhase anwendet, um die Hunde zu verwirren und abzuschütteln. Jetzt kam die Jagd wieder näher und zog sich aus dem Bruch in den Hochwald hinauf. Der Fuchs würde jetzt, wo er noch nicht ermüdet war, sicher einen weiteren Vorsprung vor den Hunden haben und ich konnte daher jeden Moment mit seinem Erscheinen rechnen. Und wirklich – kaum gedacht – sah ich ihn auf einem schmalen Wildsteig in kurzen Fluchten anlaufen. Herrlich hoben sich der graurote Balg und die schwarzen Läufe vom weißen Schnee ab und das lange dichte Winterhaar an Nacken und Halsseite wellte sich im Luftzug wie ein kostbarer Umhang. Jetzt blieb er stehen und äugte mit hochgestellten, schwarzen Gehören, rückwärts, in Richtung des Geläutes der Hunde. Er schien es gar nicht so eilig zu haben, aber man sah ihm fast den Ärger an über die Störung und seinen Mißmut darüber, die Verfolger nicht loswerden zu können.

Obwohl ich als junger Jäger bis damals noch keinen Fuchs geschossen hatte (der Fuchs war im Baltikum damals noch ungleich seltener als in Deutschland) tat es mir fast leid, dies herrliche Bild durch einen Schuß zu zerreißen. Aber – lange Überlegungen waren hier nicht am Platze, denn der Fuchs hatte den schmalen Weg erreicht und konnte jeden Moment im dichten Unterholz der gegenüberliegenden Seite verschwinden. Mein Schuß warf ihn in der Spur zusammen. Dann blies ich auf meinem Horn das schönste aller Jagdsignale: »Fuchs tot« in den winterlichen Wald. Schnell trat ich an den Gestreckten heran und hob ihn an den Hinterläufen hoch, denn schon kam die ganze Meute dicht gedrängt heran, umsprang mich aufgeregt und versuchte Reineke noch einmal abzubeuteln. Wäre schade um ihn gewesen, denn es war ein starker Rüde mit herrlichem Balg, ein richtiger nordischer Winterfuchs, die dicke, buschige Lunte mit einer schneeweißen Blume geziert, in der ganzen Pracht seines weichen, langen silbrigroten Balges.

Ich habe in späteren Jahren selbst verschiedene Bracken besessen, die völlig rehrein waren, aber nie mehr mit einer derart kopfstarken und doch durchwegs rehreinen Meute gejagt, wie mit derjenigen des guten Onkel Hamilkar.

Für die laute Jagd war der Schneehase ein besonders geeignetes Wild. Er kam im nördlichen Baltikum noch relativ häufig vor und bewohnte dort mit Vorliebe die großen, geschlossenen Forsten, insbesondere, wenn sie viel Weichhölzer wie Aspe und Weide aufwiesen, andererseits aber auch warme Fichtendickungen umschlossen. Der weiße Hase machte vor Hunden nie große Bogen, sondern dreht sich mit Vorliebe in kleinen Kreisen in der Dickung umher, wobei er bemüht ist, immer wieder auf seine alte Spur zurückzukommen, um die Hunde irre zu führen. Er ist ein Meister in Widergängen, im Hakenschlagen und Abspringen und übertrifft in dieser Kunst bei weitem noch seinen größeren, grauen Vetter, den Feldhasen. Im Gegensatz zu diesem nimmt er, auf der Flucht, auch nie das Feld an und meidet es nach Möglichkeit, Waldwiesen, Blößen oder Lichtungen zu überqueren. Für den Einzeljäger ist daher die Jagd auf den ›Weißen‹ mit ein bis zwei Hunden das Gegebene.

Ich hatte das Glück, ein großes Revier bejagen zu können, das zumeist mit 40- bis 50jährigen Aspen, untermischt mit Fichten, bestanden war. Hier war der Schneehase häufig und ich habe in manchen Wintern 15 bis 20 ›Weiße‹ dort vor meinen Hunden geschossen, zu denen dann auch immer zwei bis drei Füchse kamen. Denn auch Reineke steckte mit Vorliebe in den warmen Dickungen und nutzte die Nachbarschaft mit den Hasen dazu aus, sie bei tiefem

Schnee zu beschleichen und beim Flüchtigwerden mit zwei, drei weiten Sprüngen zu reißen, wie ich im Schnee öfters feststellen konnte. Ich war mit meinen beiden rehreinen Bracken gut eingespielt, denn wir jagten meist zu dritt ohne weitere Jäger. Oft lag schon Anfang November eine dünne, geschlossene Schneedecke, das Beste für eine erfolgreiche, laute Jagd.

Nachdem ich die Hunde am Waldrande losgekoppelt hatte, suchte ich möglichst rasch einen Holzabfuhrweg zu erreichen, der das Jagen der Länge nach durchschnitt und stellte mich dort, inmitten der Fichtendickung, an einem Wechsel an. Überall sah man die Nachtspuren der ›Weißen‹ im Schnee, Abdrücke der starkbehaarten, weitgespreizten Hinterläufe und die kurzen Hoppelsprünge bei ihrer nächtlichen Nahrungssuche. Hier hatten sie die Knospen der Aspensprößlinge geäst, dort einen am Boden liegenden Ast weiß geschält und zwischendurch leuchteten im Schnee gelbrote Flecke, Stellen, an denen sich die Hasen gelöst und genäßt hatten.

Schon erklang der Laut der Hunde – das erste Wild war hochgeworden und wurde von beiden Hunden mit vollem Hals gejagt. Wenn man seine Hunde kennt und viel mit ihnen gejagt hat, kann man mit unfehlbarer Sicherheit sagen, ob Hase oder Fuchs gejagt wird. So hatte ich auch dieses Mal sofort heraus, daß sie bestimmt einen Fuchs jagten. Da hieß es dann, schleunigst den Wechsel erreichen. Ich lief den Weg entlang und stellte mich dann an einer schmalen Waldwiese an, wo sich zwei vorspringende Waldstücke fast berührten. Das Geläut entfernte sich, näherte sich wieder und schon kam Reineke den Wechsel entlang, auf die Wiese heraus, wo ihn mein Schuß in den Schnee warf. Ich hatte noch nicht nach dem Horn gegriffen, als ein Haselhahn über die schmale Wiese strich, der vom zweiten Schuß gefaßt, in einer Federwolke fast neben den Fuchs fiel. Zwei weiße Hasen bescherte mir noch dieser Jagdtag, dann trat ich – schwer beladen mit meiner Beute – den Heimweg an, hinter mir die müden Hunde, denen allein ich diesen herrlichen Jagdtag zu verdanken hatte.

Das letzte Mal – nach langen Jahren der Unterbrechung – habe ich noch im Zweiten Weltkrieg in Rußland mit Bracken gejagt. Wir lagen damals in der Nähe von Novograd am Wolchow – im kalten Winter 1941/42. Auf einer Dienstfahrt sah ich in einem Dorf einen alten Russen, der an einem Strick eine wunderschöne, schwarzbraune Bracke führte, bei meiner Annäherung aber schleunigst, in einem Hoftor verschwand. Da mich der Hund interessierte, folgte ich dem Verschwundenen in den Hof, wo ich ihn, ängstlich den Rüden dicht an

sich gedrängt, im Vorraum eines Hauses fand. Ich sprach ihn russisch an und erkundigte mich, woher er die Bracke habe und ob er vielleicht selbst Jäger sei. Nach kurzem Zögern – erstaunt, von einem Deutschen in gutem Russisch angesprochen zu werden, schien der Mann doch Vertrauen zu mir zu fassen und gab mir dann auch bereitwillig Antwort. Er war noch zur Zarenzeit, also vor dem Ersten Weltkrieg, Jagdhüter auf einem großen Gut eines russischen Grafen S. gewesen und hatte dort, als junger Kerl, auf vielen Jagden die Brackenmeute geführt. Nach dem Umbruch waren alle gräflichen Hunde von den Bauern totgeschlagen worden. Doch war es ihm gelungen, eine junge Hündin zu retten und mit sich in sein Dorf zu nehmen. Da er seine Jagdleidenschaft nicht unterdrücken konnte und von den gräflichen Gewehren auch noch eine gute englische Doppelflinte bei ihm ›hängen‹ geblieben war, hatte er in den endlosen Wäldern immer wieder auf Fuchs und Hase gejagt, obwohl solches streng verboten war. Mit den Jahren jedoch wurden diese Bestimmungen gelockert, auch fehlte eine wirksame Aufsicht, so daß das Jagen mit Bracken wieder möglich wurde. Seine Hündin hatte er von einem alten, guten Rüden decken lassen und im Laufe der Jahre seine Meute immer wieder erneuert. Und jetzt besaß er zwei Hunde, die er allerdings vor den Deutschen ängstlich versteckte, da diese solche Jagdhunde nur zu gerne »organisierten«.

Unser Gespräch endete damit, daß wir übereinkamen, einmal zusammen zu jagen, worauf er mir versprach, mich bei gutem Wetter abzuholen. Und wirklich erschien er eines Morgens früh bei mir. Ich setzte mich zu ihm in seinen Panjeschlitten, auf dem die beiden Hunde, unter der Decke versteckt, ruhig lagen und im Trab ging es auf verschneiten Wegen in den bruchigen Wald. Dort stellte mich ›Nikita Feodorowitsch‹ auf einer schmalen Blöße an, mit der Bemerkung, dies sei ein guter Fuchswechsel, er wünsche mir auch Jagdglück, worauf er mit seinen Hunden im Bruch verschwand.

Es war ein sonnig-klarer Dezembertag. Tief verschneit standen die alten Fichten mit ihren herabhängenden Zweigen, wie in weite, weiche Tücher gehüllte Riesengestalten. Vor mir in den Bäumen turnten Kreuzschnäbel umher, ließen ihre weichen Locktöne hören und warfen die aufgeglaubten Zapfen aus luftiger Höhe in den Schnee. Irgendwo in der Ferne kullerte ein Birkhahn – die Sonne hatte in ihm wohl Frühlingsgedanken geweckt, obwohl die herrschende Kälte kaum dazu angetan war. Da hörte ich weit hinten im Bruch einen Hund anschlagen, zögernd und in Abständen. Dann aber fiel eine zweite Stimme ein und gleich darauf ertönte volles, herrliches Geläut: ein tiefer, dunkler Baß und ein hoher, jauchzender heller Hals – ach – wie lange hatte ich doch diese herrliche Musik nicht mehr gehört! Doch – daß dies wohl auch das letzte Mal sein würde, kam mir damals deutlich zum Bewußtsein. – Die Jagd zog sich hin und her, näherte und entfernte sich, hielt sich aber doch in einem kleinen Umkreis, woraus ich schloß, daß die Hunde einen Schneehasen jagten, um so mehr, als der graue Feldhase in den geschlossenen Wäldern kaum vorkam. Da ich kein Verlangen verspürte, im knietiefen Schnee ins Bruch hineinzuwaten, um den Hasen dort auf seiner alten Spur abzufangen, blieb ich auf meinem Posten stehen – vielleicht hielt auch der ›Weiße‹ diesen Wechsel. Und wirklich kam die Jagd plötzlich auf meinen Stand zu und dann sah ich auch den Hasen im tiefen Schnee angehoppelt kommen. Noch außer Schußweite verhoffte er, setzte sich hin mit stockig hochgestellten Läufen und sicherte nach dem Geläut der Hunde hin. Dann folgte ein erneuter Absprung in eine Gruppe tiefverschneiter Fichten, in denen er verschwand. Aber nach kurzer Zeit kam er wieder zum Vorschein – mir schien es fast, als lache er verschmitzt – erfreut über seine Künste. Er

hielt direkt auf mich zu, so daß es mir ein Leichtes war, ihn zu erlegen. Sehr bald erschienen auch die Hunde. Der Hase, den ich an den Hinterläufen hochhielt, wurde nur bewindet. Dann machten die Bracken kehrt, ohne mich zu beachten und verschwanden wieder im Bruch. Ich ging auf meiner alten Spur zum Schlitten zurück, wo ich Nikita Feodorowitsch traf, der ungehalten darüber schimpfte, daß ich nur einen Hasen und keinen Fuchs erlegt hatte und daran seinen Hunden die Schuld gab. – Was wußte er, wie dankbar ich seinen Hunden war für dieses Erlebnis mit seiner Spannung, seinen Klängen, mit all den Erinnerungen an längst Verlorenes, an die herrliche, laute Jagd!

Die Zeiten der ungebundenen Brackenjagden, wie sie im alten Baltikum auf allerlei Wild noch möglich waren mit gut erhaltenen und wohlerzogenen Brackenmeuten, sind wohl unwiderruflich vorbei, für immer verklungen das vielstimmige Geläut der braven Hunde und die hallenden Signale der Hörner in verschneiten Wäldern. Nur sehr wenigen ist heute noch das Glück vergönnt, das Lautjagen ihrer Hunde im bunten Herbst- und weißen Winterwald zu hören und auf dem Paß Reineke oder Mümmelmann zu erwarten. Ihnen rufe ich ein aufrichtiges »Waidmannsheil« zu!

Luchsjagd

Mein Vetter, K. v. Fersen, war Forstmeister auf einem großen Waldgut östlich des Peipussees im Kreis Gdow des Petersburger Gouvernements im damals noch kaiserlichen Rußland. Die Güter gehörten einer Manufaktur-Gesellschaft in Narva und umfaßten insgesamt etwa 20000 Morgen Wald, Bruch und Moor, unterbrochen von einzelnen kleinen Acker- und Wiesenflächen, die zu den wenigen Dörfern im Gebiet gehörten.

Schon wiederholt hatte mich mein Vetter eingeladen, ihn im Winter zu besuchen, um an einem Luchstreiben teilzunehmen. Diese herrliche Großkatze war dort noch keine Seltenheit und in jedem Winter kamen drei bis vier Luchse zur Strecke. Da die Ranzzeit in den Februar fällt, sind sie um diese Zeit viel in Bewegung; bei Neuschnee ist dann die beste Gelegenheit, sie einzukreisen oder mit Bracken zu bejagen. So fuhr ich denn im Mittwinter 1911 mit der Bahn bis Narva, von wo ich noch etwa 90 Werst mit Pferdeschlitten zurückzulegen hatte, um die, einsam in den Wäldern gelegene Försterei, zu erreichen. Dank dem guten Pferdematerial, welches ich auf den einzelnen Poststationen vorfand, legte ich diese weite Strecke in relativ kurzer Zeit zurück und traf am 24. Januar abends bei meinem Vetter ein.

Der Winter war in diesem Jahr sehr schneereich und kalt. Auch zur Zeit meiner Ankunft schneite es ununterbrochen, so daß alle Voraussetzungen für guten Spurschnee und damit auch für eine erfolgreiche Jagd vorhanden waren.

Gleich am nächsten Morgen fuhren mein Vetter und ich, in einem kleinen einspännigen Schlitten ins Revier, um abzufährten. Das gesamte Forstpersonal hatte den Auftrag, bei Neuschnee sofort zu kreisen und bis zwölf Uhr mittags persönlich oder telefonisch in der Oberförsterei Meldung zu machen.

In der Nacht hatte es noch geschneit, so daß alle frischen Spuren und Fährten deutlich zu sehen waren: Hier war ein Fuchs entlanggeschnürt, dort ein Schneehase gehoppelt – doch – außer einigen Elchfährten, welche aus einer Kieferndickung ins Bruch führten, konnten wir trotz zweistündiger Rundfahrt nichts weiter entdecken, so daß wir um die Mittagszeit mit negativem Ergebnis wieder zu Hause anlangten.

Hier waren unterdessen die Meldungen der Kreiser eingelaufen. Auch diese sämtlich ohne Ergebnis. Wohl waren frische Luchsfährten gefunden worden, doch waren die Katzen aus dem Revier hinausgewechselt und ein Einkreisen daher nicht möglich. So verliefen mehrere Tage ergebnislos. Wir vergnügten uns damit, mit den vier Bracken auf Schneehasen zu jagen oder im Schlitten auf den weiten Wiesen am Fluß die dort auf Birken und Schwarzerlen Blattknospen äsenden Birkhähne anzufahren. Außer einigen Schneehasen schoß ich so zwei Birkhähne mit der Kugel und einen dritten Hahn beim Abstreichen mit Schrot.

Am Abend des dritten Februar schlug das Wetter um: Die Kälte hatte nachgelassen. Als ich abends um zehn Uhr vor die Haustür trat, schneite es in dichten, feuchten Flocken. Der Schneefall hielt die ganze Nacht bis in den späten Vormittag an. Ein Spüren und Kreisen war daher zwecklos, da alle Nachtspuren längst wieder verschneit und Luchse tagsüber fast nie auf den Läufen sind. So beschlossen wir, ohne eigentliches Ziel, gleich nach dem Mittag eine Rundfahrt in den Wald zu machen, um vielleicht wieder auf Birkhähne zu Schuß zu kommen. Wir nahmen zwei Bracken mit. Sie liefen gekoppelt hinter dem langsam fahrenden Schlitten her. Alles war tief verschneit. Die Äste der jungen Kiefern und Fichten hingen tief herab unter der schweren Last des feuchten Schnees. Totenstill war es im Walde. Jeder Laut erstarb in der weichen Fülle der Schneemassen. Unhörbar glitt unser niederiger Schlitten auf den schmalen Holzabfuhrwegen dahin, indes die Hunde sich vergeblich rechts und links der Schlittenspuren nach Fährten umsahen. Nach etwa einstündiger Fahrt, die jetzt längs den Wiesen am Pljussa-Fluß vorbeiführte, bogen wir wieder in den Wald ein, um allmählich die Heimfahrt anzutreten. Links vom Weg zog sich eine Kiefernschonung hin, während rechts der Jungwald aus Espenschößlingen, Fichten, Erlen und Birken allmählich in ein Moor überging. Plötzlich hielt mein Vetter mit einem Ruck den Schlitten an – dicht vor dem Pferde führte eine frische Luchsfährte aus der Schonung ins Bruch hinein. Ich sprang aus dem Schlitten und besah mir die großen, runden Eindrücke, welche die Branten der Katze im weichen Tauschnee hinterlassen hatten. Auch die beiden Bracken kamen heran und bewindeten die Spur, indem sie ihre Nasen interessiert in die frischen Eindrücke tupften. Die scharfe, kleine Hündin, welche besonders gut Luchse jagen sollte, ließ ein leises Winseln hören: Kein Zweifel – der Luchs mußte vor kurzer Zeit über den Weg gewechselt sein.

Schnell war unser Plan entworfen: Die Hunde wurden von der Koppel gelöst und verschwanden, mit den Ruten aufgeregt wedelnd, im verschneiten Unterholz. Wir aber warfen uns in den Schlitten und im Galopp ging es ein Stück des Weges zurück, dann nach rechts eine Schneise hinunter und im Hochwalde weiter am Bruch entlang. Nach einigen hundert Metern wurde Halt gemacht, das Pferd an einen Baum gebunden, die dicke Bärenfelldecke ihm übergeworfen und dann wies mir K. – mein Vetter – im Flüsterton eine hohe Überhälterfichte am Rande des Bruches an, an welcher ich mich anstellen sollte, um den gejagten Luchs auf dem Wechsel zu erwarten. Ich lief so rasch ich konnte im tiefen Schnee auf die mir bezeichnete Stelle zu, indes K. weiter links von mir, am Rande des Hochwaldes seinen Stand beziehen wollte.

Ich war noch hundert Meter von der mir bezeichneten Fichte entfernt, als ich auch schon in der Ferne das helle Geläut der beiden Bracken hörte, die auf der warmen Fährte oder – vielleicht – sogar in Sicht, den Luchs jagten.

Auf kurze Entfernung entwickelte der Luchs wie alle Katzen eine fabelhafte Schnelligkeit, dank seiner weitfedernden Sätze, so daß ihm ein Hund kaum folgen konnte. Doch läßt diese anfängliche Schnelligkeit bald nach und im tiefen Schnee ermüdet auch der Luchs rasch.

Atemlos stand ich endlich an der Fichte, den Drilling schußbereit im Arm. Meine Augen suchten jede kleine Lücke oder Blöße ab, die eine geringe Einsicht in die Wirrnis des Bruchwaldes bieten konnte. Das Geläut der Hunde kam nur langsam näher. Im tiefen, lockeren Schnee konnten sowohl der Luchs wie auch die Hunde nur mühsam vorwärts kommen. Mein Herz schlug mir im Halse und ich mußte vor Aufregung immer wieder schlucken, um das erstickende Gefühl loszuwerden – Jagdfieber! Würde der Luchs hier in der Schußnähe vorüberwechseln, würde ich ihn auch rechtzeitig im Strauchgewirr bemerken und ihn mit der Kugel oder – im Notfall – auch mit Schrot fassen können?

Meine Augen bohrten sich ins Unterholz. Nicht die kleinste Bewegung sollte ihrer Aufmerksamkeit entgehen, um das seltene Wild wenigstens in Anblick zu bekommen. Aber die Jagd kam nicht näher, sie drehte sich im Bruch wieder im Kreise umher. Es klang fast so, als jagten die Hunde einen Schneehasen. Sollten sie wirklich einen Hasen aufgestoßen haben und von der Luchsfährte abgesprungen sein? Bange Zweifel stellten sich bei mir ein: War der Luchs womöglich, unbemerkt von mir, schon durchgewechselt, war ich zu spät auf meinen Stand gekommen oder hatte der Luchs einen anderen Wechsel eingehalten? Da ging das helle jauchzende Geläut der Hunde plötzlich in ein böses, anhaltendes Verbellen über, das immer von ein und derselben Stelle zu hören war. Kein Zweifel – der Luchs mußte aufgebaumt sein und die Hunde verbellten ihn nun. So rasch mich meine Füße trugen, rannte und stolperte ich im tiefen Schnee der Stelle zu, von welcher das wütende Lautgeben der Hunde herüberschallte. Zu sehen war zunächst nichts, da das dicht verschneite Unterholz jeden Einblick verwehrte und nur einzelne höhere Fichten, Birken und Espen aus dem Gestrauch hervorragten. Je näher ich kam, desto aufmerksamer und vorsichtiger mußte ich sein, wer weiß, wie lange die beiden Hunde es vermochten, den aufgebaumten Luchs auf seinem hohen Sitz zu halten und ihm die Chance zu weiterer Flucht zu nehmen. Langsam näherte ich mich dem Standlaut, immer bedacht, möglichst in Deckung zu bleiben, um nicht frühzeitig vom Luchs eräugt zu werden. So erreichte ich eine Fichte, deren beschneite Äste tief auf den Boden hingen. Von hier aus sah ich nun auch die Hunde eine hohe Espe umkreisen, wütend nach oben verbellend und den Stamm des Baumes immer wieder anspringend. Und da sah ich auch den Luchs: Auf zwei starken Seitenästen, dicht an den Stamm der

Espe gedrückt, stand die herrliche, gefleckte Katze. Die Pinselohren nach hinten gelegt, die stark behaarten Lefzen etwas gehoben, äugte sie wütend auf die tobenden Hunde herunter, wobei sie ein dumpfes Murren hören ließ. Hin und wieder stellte sie aber die Lauscher auf und musterte ihre Umgebung, um vielleicht doch die Möglichkeit zu weiterer Flucht und zum Abschütteln ihrer Verfolger zu finden. Ich konnte mich gar nicht satt sehen an diesem herrlichen Bild und zögerte immer wieder mit dem Schuß, um diesen seltenen Anblick nicht vorzeitig zu zerstören. Jetzt trat der Luchs auf dem Ast hin und her. Wollte er den Platz wechseln, höher steigen oder gar hinabspringen? Ich zog den Drilling an die Backe, das Korn stand im Blatt der breitstehenden Katze – ein Druck und dumpf und kurz hallte der Büchsenschuß durch den schneeverhangenen Wald. Wie ein Federball flog der Luchs in die Höhe, überschlug sich in der Luft und stürzte mit weit ausgreifenden Branten in den tiefen Schnee am Fuße der alten Espe. Ohne sich einen Augenblick zu besinnen, warfen sich die beiden Hunde über die Katze und würgten und zausten sie mit dumpfem Knurren an Kehle und Weichen. Der Luchs fand nicht mehr die Kraft sich zur Wehr zu setzen und seine scharfen Krallen zu gebrauchen – als ich hinzutrat, war er bereits verendet. Ich riß die Hunde zurück, um den herrlichen Balg zu retten, hing rasch den Erlegten mit zusammengebundenen Hinterbranten an einen Ast und setzte mich erschöpft vor Aufregung und Anstrengung in den Schnee.

Es dauerte nicht lange, da meldete sich K. mit lautem Rufen und auf meine Antwort trat er bald darauf aus dem Bruchgewirr hervor und überreichte mir lachend einen Fichtenbruch für diese seltene Beute. Der Luchs war eine sehr schön gezeichnete, etwa zweijährige Katze, die – in der Försterei gewogen – ein Gewicht von 48 russischen Pfund (etwa 36 deutsche Pfund) aufwies. Meine Kugel saß tiefblatt, hatte das Herz zerrissen und so ein sofortiges Verenden bewirkt, wodurch die beiden Bracken nur mit ganz geringfügigen Kratzern an Kopf und

Brust davongekommen waren. Interessant war, daß mein Vetter bei einer Gesamtstrecke von bereits 13 Luchsen noch nie einen aufgebaumten und von den Hunden gestellten Luchs geschossen hatte.

Im Winter darauf fuhr ich auf Einladung meines Vetters bereits vor Weihnachten nach Gawrilowskoje. Es lag schon hoher Schnee und schneite auch weiterhin, so daß das Kreisen sehr erleichtert wurde. Bereits am zweiten Tage meines Aufenthaltes wurde von einer Buschwächterei aus ein Luchs gemeldet, der in einer gemischten Kiefer-Fichtenschonung, etwa sechs Kilometer von der Oberförsterei entfernt, eingekreist war. Als K. und ich hinkamen, war die Dickung bereits eingelappt. Wir stellten uns auf einer schmalen Schneise an, etwa hundert Meter voneinander entfernt, während die beiden Buschwächter die Dickung leise durchdrücken sollten. Kam der Luchs flüchtig, war das Schießen nicht leicht, denn der dichte Schneebehang, Bruchholz und allerlei Gestrüpp machten einen Einblick auf kürzere Distanz in die Dickung unmöglich. Man konnte also sehr überrascht werden.

Wir mochten etwa zwanzig Minuten gewartet haben, da vernahm ich auch schon das gedämpfte Rufen »pascholl« (spring auf!) der Treiber und das Anklopfen an Stämme.

Aber nichts regte sich bei mir – nichts ließ sich blicken. War der Luchs durch die Lappen gewechselt, was öfter vorzukommen pflegt, da der Luchs die Lappen lange nicht so ängstlich respektiert, wie z. B. Wolf oder Fuchs. Ich blickte die Schneise rechts hinunter, wo mein Vetter stand – er hatte das Gewehr im Anschlag, sichtlich in voller Schußbereitschaft. Auch ich hob den Drilling, um fertig zu sein. Da schob sich – vorsichtig sichernd, der Luchs aus der Dickung, knapp zwanzig Schritte von meinem Vetter entfernt und überfiel dann in langer Flucht die schmale Schneise. Schnell aufeinander fielen bei K. zwei Schüsse. Ich verließ meinen Stand und ging auf K. zu, der bereits in der rückseitigen Dickung verschwunden war, um gleich darauf wieder auf der Schneise zu erscheinen, den verendeten Luchs an den Hinterbranten nach sich ziehend. Die Schrotschüsse saßen auf Blatt und Hals und hatten die Katze nach einigen Fluchten in der Fährte verenden lassen.

Der Luchs ist merkwürdig ›weich‹ gegen Schüsse und daher mit Schrot leicht zu erlegen. Der Schrotschuß hat hier auch den Vorteil, daß man auf schmalen Schneisen und Wegen auf angemessene Entfernung sicherer und schneller schießen kann als mit der Kugel, insbesondere, wenn man das Wild vorher nicht wahrnehmen konnte, was sehr oft der Fall ist. Der erlegte Luchs war wieder eine junge Katze von etwa dreißig Pfund Gewicht – sehr grau im Balg, mit spärlicher Tüpfelzeichnung.

Bereits am nächsten Tage wurde telefonisch wieder ein gekreister Luchs gemeldet und zwar schon zeitig am Vormittag, so daß wir genügend Zeit hatten, die dreizehn Kilometer bis zur Lappstatt zurückzulegen, ohne befürchten zu müssen, bei der Kürze nordischer Wintertage durch die eintretende Dunkelheit gestört zu werden. Wir hatten diesmal die Lappen mit auf dem Schlitten und machten uns, zusammen mit den Buschwächtern, sofort ans Einlappen, wobei wir auch die Richtigkeit des Einkreisens überprüfen konnten. Ich staunte über die Stärke der runden Trittsiegel und auch mein Vetter bestätigte, daß ihm schon lange keine so starke Luchsfährte zu Gesicht gekommen sei.

Der Luchs lag in einem Schwarzerlenbruch, mit vielfach eingesprengten Fichtenhorsten, viel Unterholz, Jungwuchs und alten Stubben – eine Wildnis, in die man bei dem starken Schneebehang kaum einsehen konnte. Mein Vetter stellte mich auf den Einwechsel und bezog selbst einen weiter entfernten Stand auf einem Holzabfuhrweg. Es war vollkommen windstill – ein wundervoller Wintertag! Auf den Wipfeln zweier Altfichten turnten Kreuzschnäbel umher, flogen von Ast zu Ast und ließen ihren weichen Lockruf hören. Ein Kolkrabenpaar kam mit rauhem »Korr – korr« über das Bruch gestrichen und verschwand über den Kronen des angrenzenden Kiefernwaldes.

Da erscholl, in der stillen Luft deutlich vernehmbar, wieder das »pascholl« des Revier-Buschwächters, womit er dem anderen Treiber das Signal zum Beginn des Treibens gab. Ich hatte zwar die Schrotläufe des Drillings geladen, war aber entschlossen, wenn immer möglich, mit der Kugel zu schießen, da mir auf dieses herrliche Hochwild der Kugelschuß waidmännischer schien als der rauhe Schuß. Vor mir hatte ich im dichten Unterholz kaum ein Schußfeld, während der Einwechsel – rechts von mir – auf etwa zwanzig Schritt über eine Blöße führte, auf der ich den anwechselnden Luchs fassen mußte, wenn ich überhaupt zu Schuß kommen wollte. Weit hinten im Bruch wurde vor den Treibern ein Auerhahn hoch und kam mir in sausender Fahrt über den Kopf gestrichen. Ob der Luchs wohl schon hoch war und in der Lappstatt umherzog? Zu sehen war nichts. Nur das regelmäßige Rufen und Klopfen der Treiber war zu hören. Plötzlich schien es mir, als wäre im Bruchgewirr vor mir ein von der Schneelast niedergedrücktes Fichtenstämmchen hochgeschnellt. Ich stand in gespanntester Erwartung, den auf Kugel gestellten Drilling halb im Anschlag und wagte kaum zu atmen vor Jagdfieber und

Aufregung. Da sah ich hinter dem Gitterwerk der jungen Wurzelschößlinge und Gerten einen rotgelben Fleck: Vorsichtig schob sich erst eine Pranke vor, dann erschien ein Stück weißlich-grauer Bauchdecke, doch alles andere war durch Gesträuch verdeckt. Wenn der Luchs diese Richtung einhielt, mußte er auf seiner alten Fährte über die schmale Lücke kommen, denn er hielt genau die Richtung ein und schien von meiner Anwesenheit nichts zu ahnen. Ohne daß ich weiterhin auch nur die geringste Bewegung wahrgenommen hatte, stand der Luchs plötzlich auf der Lücke, vollkommen frei, mit erhobenem Kopf, die spitzen Pinsellauscher hochgestellt. Den Bruchteil einer Sekunde starrte er mich an, dann federte der rote Körper hoch ... im selben Augenblick fiel auch mein Schuß.

Am Anschuß fand ich ein paar graue Schnitthaare und den Absprung der Pranken – alles andere verdeckten die verschneiten Zweige, die über der Fährte zusammengeschlagen waren. Der Luchs mußte die Kugel haben. Sollte ich gleich weitersuchen?

Vorsichtig kroch ich in die verschneite Dickung hinein: In langen Sätzen war der Luchs geflüchtet, aber seine Fährte pendelte merkwürdig hin und her, hier war ein Tännchen angeflohen und da – da lag auch Schweiß. Etwas weiter war der Todkranke gegen einen verschneiten Stubben geflohen und dreißig Schritt weiter lag er, tief in den Schnee eingesunken, den Kopf zurückgebeugt, auf einer Vorderprante ruhend.

Erst tastete ich nach dem Sitz der Kugel – sie hatte schräg auf den Rippen aufgesetzt und war auf der andern Seite am Halse ausgetreten. Ich zog meine Beute an den Pranken aus dem Dickicht heraus und schleifte sie bis auf den Weg. Da kamen auch schon die beiden Buchwächter aus dem Treiben, sahen sich nach allen Seiten um und gratulierten mir dann lachend zum guten Schuß. Der Russe ist an Kugelschüsse gewöhnt und schnelles, sicheres Schießen imponiert ihm immer.

Auch mein Vetter erschien bald. Der Luchs wurde auf den Schlitten verladen, die Lappen eingezogen und ebenfalls verladen. Dann langte mein Vetter aus dem Schlitten eine Flasche Wodka, wir zogen aus den Taschen unsere mitgenommenen Butterbrote und ließen die Flasche kreisen, mit ausgezeichnetem kaiserlich-russischen Otschischtschennoje, das ist gereinigter Wodka – Schnaps erster Sorte!

Der erlegte Luchs war ein ganz selten starker Kater, er wog zweiundfünfzig russische Pfund, also fast fünfzig deutsche Pfund. Wie der durchtreibende Revier-Buschwächter erzählte, hatte der Luchs ziemlich nahe der Lappen am jenseitigen Rande des Bruches gelegen, unter dem Stamm einer sturmgebrochenen Espe. Im Lager hätte er noch die Überreste eines in der Nacht gerissenen Schneehasen gefunden. Im Gegensatz zu der von mir im Jahr vorher erlegten Luchskatze, war dieser Kater sehr stark rot gefärbt und wies nur am Halse, an Branten und Schenkeln deutliche Tüpfelzeichnung auf.

So leicht sich der Luchs bei gutem Neuschnee kreisen und einlappen läßt, so selten bekommt man ihn sonst zu Gesicht, da er fast nur des Nachts in Bewegung ist und tagsüber irgendwo in guter Deckung festliegt. Mein Vetter, der über reiche Luchserfahrungen verfügte, selbst dreizehn Luchse geschossen hatte und bei der Erlegung von weiteren zehn bis zwölf Luchsen dabeigewesen war, hat auf keinem seiner ungezählten Reviergänge jemals einen Luchs angegangen. Um so glücklicher mußte ich mich in dieser Beziehung fühlen.

Im Spätsommer eines anderen Jahres war ich zur Jungwildjagd (Suche mit dem Hunde auf Birk- und Schneehühner) nach Gawrilowskoje gekommen. Es mochte sechs Uhr morgens gewesen sein. Ich hatte ein weites Moor auf der Suche überquert und setzte mich ermüdet am Rande eines Schlages hin, um eine Zigarette zu rauchen, während ›Käthe‹ – meine ausgezeichnete Pointerhündin – neben mir im Grase lag. Da sah ich auf einer sonnenbeschienenen Blöße sich etwas großes rotgraues bewegen. Mein Glas zeigte mir einen Luchs, der behutsam vorrückend eine für mich unsichtbare Beute zu beschleichen schien. Wie eine Schlange wand sich die geschmeidige Katze, tief an den Boden gedrückt, durch das Gras. Plötzlich erhob sich dicht vor dem Luchs eine alte Birkhenne und strich, mit warnendem Gock-Gock, niedrig über das Moor hinweg. Wie ein Fußballspieler, der versucht den über ihn sausenden Ball mit einem Sprung zu erwischen, federte der Luchs mit weitvorgespreizten Pranken der Henne nach – doch vergeblich – der Vogel war schneller. Sichtbar enttäuscht über den Mißerfolg, setzte sich der Luchs auf die Keulen und begann seinen vom Morgentau benetzten Balg zu lecken. Ich stellte den Drilling auf Kugel, nahm der weiten Entfernung wegen stark Vollkorn, dann knallte der Schuß. In großen Sätzen flüchtete der Luchs über die Blöße und verschwand gesund im angrenzenden Bruch – ich hatte ihn wohl überschossen.

Das hauptsächlichste Beutetier des Luchses ist der Schneehase, den er meisterhaft zu beschleichen und zu fangen versteht. Wie mir mein Vetter bestätigte, finden sich im Lager eingekreister Luchse häufig Reste einer Hasenmahlzeit. Nebenbei sind Waldhühner und – wo vorkommend – auch Rehe seine Nahrung. Doch ist das Rehwild in jenen Revieren, in welchen ich den Luchs jagte, nur selten oder gar nicht vorhanden.

Die jungen Luchse halten sich fast ein Jahr bei der alten Katze und werden von dieser erst kurz vor dem neuen Wurf abgeschlagen, worauf sie sich selbständig machen. Mein Vetter sah streng darauf, daß nur im Winter Luchse erlegt wurden, sie also auch eine gewisse Schonung genossen, da der Schaden an Nutzwild in dortigen Revieren kaum ins Gewicht fiel. Denn Schneehasen und Wildhühner gab es reichlich genug und die wenigen Rehe spielten jagdlich überhaupt keine Rolle.

Kriege und Revolutionen haben auch in diesen abgelegenen und urwüchsigen Revieren unendlich viel zerstört. Die Oberförsterei wurde niedergebrannt, die Wälder wurden geschlagen und ausgeplündert und von der Jagd ist über die Not der Nachkriegsjahre wohl auch nicht viel übriggeblieben, da die alten Buschwächter zum Teil gestorben sind oder ermordet wurden. Auch dort ist ein Paradies – gewesen.

Beim ersten Schnee

Zwei Tage und zwei Nächte hatte es geschneit aus tiefhängenden, schwarzen Wolken, stetig und pausenlos in schweren, großen Flokken. Der Frost hatte schon vorher die Erde in seinen Bann geschlagen, hatte den See mit gleißender Eisdecke überzogen, den herbstlichen Straßenschmutz in ein knochenhartes, holpriges Gebilde verwandelt und auf den Mooren die weiche Moosdecke so fest gekittet, daß Fußgänger und auch Gespanne sie gefahrlos überqueren konnten. An den Bäumen hingen die Äste tief herab, dicke Schneehauben saßen auf allen Trieben und Spitzen und Jungfichten, Unkrautstauden und Rohrhalme waren überpudert mit glitzernden Kristallen.

Nach Mitternacht hatte der Schneefall aufgehört, jetzt mußten alle Spuren und Fährten der Nacht wie gestochen zu sehen sein und wie in einem aufgeschlagenen Buch konnte man im Schnee alles ablesen, was sich in den Nachtstunden im Revier ereignet hatte.

»Komm, Käte, heute wollen wir den Tag draußen verbringen und uns im Walde umsehen, der so still und geheimnisvoll ist in seinem weichen Winterkleide.«

Den Drilling auf dem Rücken, das Pirschglas umgehängt, gehe ich am Gartenzaun entlang zum See hinunter, um von dort über den ›Nußberg‹ in den Wald zu gelangen. Auf den Fliederbüschen hinter dem Holzschuppen sitzen Dompfaffen und klauben die Saat auf den braunen Samendolden. Wie herrlich leuchtet das brennende Rot auf der Brust der Gimpelmännchen, ihr melancholisch-weicher Lockpfiff paßt so recht in die Winterlandschaft, deren Stille von keinem Laut sonst unterbrochen wird.

Am steilen Hang des Seeufers liegt in einer kleinen Fichtenremise eine Fasanenschüttung. Ob der Buschwächter wohl schon gefüttert hat? Fasanen verstreichen leicht, wenn sie im hohen Schnee kein Futter finden und in den Bauerngärten, jenseits des Sees, erwarten sie nur zu oft Schlingen und Fallen. Aber schon von weitem sehe ich eine frische Menschenspur dem Futterplatz zuführend, der Buschwächter ist schon dagewesen, und ich kann beruhigt weitergehen ohne die Fasanen in ihrer Morgenmahlzeit zu stören. Hier sind drei in die

Fichten hinein gelaufen, dort ist ein Hahn herangestrichen, seine Stoßfedern haben lange Furchen in den lockeren Schnee gepflügt und die Schwingenabdrücke heben sich deutlich im Schnee ab.

Etwas weiter führt das Geläuf einer starken Rebhuhnkette aus den Dornen heraus ins gelbe Uferschilf hinein. ›Käte‹ windet mit hoher Nase, da steht auch schon das Volk mit klirrenden Schwingenschlägen auf und streicht über das Feld dem Walde zu, wo ich es am tiefen Graben einfallen sehe. Gut, daß die Roggensaat stark eingegrast ist, da kommen die Hühner immer noch an die ihnen zusagenste Winteräsung heran. Solange der Schnee locker liegt, scharren sich die Hühner bis zum ersehnten Grün hindurch. Sollte es allerdings Harschschnee geben, so muß der Schneepflug über die Saat gefahren werden, um Hühnern, Hasen und Rehen die beliebte Nahrungsquelle zu erschließen.

Am großen Mündungsgraben der Felddrainage biege ich vom Seeufer ab und gehe dem Walde zu. Hier steht winterharter Markstammkohl, der an einer Ecke der Saat als Wildacker für Hasen und Rehe angebaut wurde. Eine Menge Hasenspuren laufen hier zusammen und auch vier Rehe sind aus dem Walde zugewechselt und haben an den saftigen Blättern geäst. Am Nußberg, der dicht mit Haselbüschen bestanden ist, sehe ich Reineckens Perlenschnur aus der verschneiten Dickung auf die ›Rehwiese‹ hinaus führen. Der Fuchs ist auf und ab gebummelt, hat am Heuschober seine Visitenkarte hinterlassen und ist dann in die große Fichtenschonung hineingeschnürt, in der die Fasanen ihren Haupteinstand haben und in der drei Schüttungen liegen. Auch hier hat der Buschwächter bereits für Futter gesorgt, wie seine Spur beweist.

Ich will die Dickung umschlagen, vielleicht hat sich der Rote doch für den Tag gesteckt und ich kann ihn einkreisen und einlappen. So gehe ich die schmale Jagdschneise hinauf, die zwischen Dickung und Stangenholz hindurch führt, um am ›Kranichberg‹ auf die großen, mit Wacholder und Birken bestandenen, ›Korves-Neuschläge‹ zu münden. An der Querschneise kommt mir der Buschwächter entgegen. Auch er hat versucht den Fuchs einzukreisen und hat die Dickung bereits umschlagen. Aber Reinecke ist wieder ausgewechselt. Seine Spur führt in den Hochwald, von wo er wohl hinunter in die Wiesen geschnürt sein wird, um dann, jenseits des Sees, die großen Dickungen aufzusuchen.

So setze ich meinen Weg fort, denn zu sehen gibt es bestimmt noch allerhand. Auf dem Schlage in den Himbeerstauden stehen drei Rehe, Ricke, Kitz und Bock, der, wie mir mein Glas zeigt, dünne Bast-Sechserstangen trägt, ein junges Böckchen, das sich für den Winter seiner Mutter und jüngeren Stiefschwester zugesellt hat. Leise versuche ich mich vorüber zu drücken, denn ich störe ungern das Wild. Aber schon haben mich die Rehe eräugt, stutzen kurz und federn dann in langen Fluchten der Dickung zu. Wie blinkende Laternen wippen die weißen, gespreizten Spiegel, ob diese wohl den einzelnen Stücken dazu dienen sich gegenseitig besser im Auge zu behalten und es den Nachfolgenden erleichtert wird dem führenden Stück zu folgen?

Etwas weiter markiert ›Käte‹ eine Stelle im Schnee und als ich näher zusehe, finde ich eine, vom Hühnerhabicht geschlagene Birkhenne, deren klägliche Überreste, wie Schwingen, Ständer, Kopf und ein Haufen braungesprenkelter Federn, von ›Kätes‹ feiner Nase unter der Schneedecke doch entdeckt wurden. Leider ist es schon zu kalt, um noch den Habichtskorb aufzustellen. Die Locktauben frieren zu sehr und das ist dann Tierschinderei.

Vier Habichte fing der Buschwächter bereits im Laufe des Herbstes, aber die Fasanen ziehen immer wieder die durchreisenden Raubvögel an, die dann den ganzen Winter im beutereichen Revier bleiben und viel Schaden unter Fasanen, Rebhühnern und Birkwild anrichten. Im

Winter vorher schoß ich einen starken Hühnerhabicht aus der Luderhütte, der im ersten Morgengrauen, als ich auf Füchse am Pferdekadaver ansaß, plötzlich auf dem Luder fußte und in der Dämmerung riesengroß, wie ein Adler, oder Geier, aussah.

Im kleinen Bruch, wo Weidengestrüpp am Grabenrande wächst, haben Schneehasen die Zweige geschält. Ihre Spuren sind im weichen Schnee sofort an den breiten Abdrücken ihrer Hinterläufe zu erkennen, an denen sich die stark behaarten Zehen weit auseinander spreizen und sie, wie Schneeschuhe, über den lockeren Schnee tragen. In den zäpfchentragenden Ästen der Weißerlen sitzt ein großer Flug Birkenzeisige. Es sind reizende Vögelchen, diese Nordlandbewohner, die Nahrungsmangel aus ihrer nordischen Heimat in südlichere Gebiete führt. Wie Meisen turnen sie in den Zweigen umher, hängen kopfunter an den Samenzapfen und lassen mich, in ihrer Vertrautheit, dicht heran, so daß ich die roten Kopfhäubchen und Kehlflecken der alten Männchen mit bloßem Auge gut erkennen kann. Ich habe diese Vögelchen im Käfig gehalten, leider verlieren sie schon nach der ersten Mauser ihre schönen, roten Farben, wie das auch bei den roten Kreuzschnäbeln und Hakengimpeln der Fall ist, während der rote Dompfaff seine Farben nie verliert.

Hinter dem Bruchwalde trete ich an den Rand der großen Heuschläge, die dem fernen Wald vorgelagert sind. Einzelne Birkengruppen, Kiefernhorste, Fichten und Schwarzerlen unterbrechen die Fläche, die auch mit unzähligen Wacholdern bestanden ist. Ihre bizarren Formen, mal pyramidenförmig schmal nach oben strebend, mal flach über den Boden kriechend, heben sich schwarz von der blendenden Schneedecke ab. Hier hält sich das Birkwild im Winter gerne auf. Im Sommer brüten die Hennen im Strauchwerk ihre Gesperre aus und führen ihre Jungbrut zur Äsung im insektenreichen Gras. Im Frühling balzen oft zwanzig bis dreißig Hähne auf der großen Wiese und im Winter äst das Birkwild, zu großen Flügen geschaart und meist nach Geschlechtern getrennt, auf den Birken- und Erlenwipfeln die Knospen.

Mit dem Glase suche ich die Fläche ab, richtig, da stehen einige zwanzig Hähne am Boden, während einzelne weitere noch auf den Kronen der kleinen Birken, als Wachtposten, fußen. Nichtkenner könnten die schwarzen Vögel für einen Krähenschwarm halten, so groß ist die Anzahl. Mein Glas läßt mich alles deutlich erkennen. Die meisten Hähne hocken, dick aufgeplustert, bewegungslos da, während andere mit aufgestelltem Stoß in Balzstellung, aber stumm, umherlaufen. Ein Anpirschen ist aussichtslos, denn nicht umsonst sagt ein alter

Jägerspruch, der Birkhahn habe auf jeder Feder ein Auge. Und Dekkung, um auch nur auf Büchsenschußweite heran zu kommen, gibt es hier nicht. So stehe ich lange da und betrachte dies herrliche Bild, die schwarzen Vögel im weißen Schnee. Für mich ist das Birkwild von jeher der schönste Wildvogel, den die Reviere bergen, ein Stück Heimat, ein Stück Natur der heimatlichen Landschaft. Als ich aus dem Walde heraustrete sichern die Hähne auch schon mit langen Hälsen. Dann steht der erste auf, andere folgen den andern und bald verschwindet der ganze Flug hinter der Waldkulisse am fernen Moorrande.

Ich schlage einen Bogen bis zum ›Perlbach‹, der sich in vielen Windungen durch die Wiesen schlängelt, um zuletzt unterhalb der Oberförsterei in den See zu münden. Hier fand man, als Seltenheit, hin und wieder Perlen in den Flußmuscheln, daher der Name ›Perlbach‹. Meine Mutter besaß noch eine Brosche, die aus einem runden, schwarzen Stein bestand, in dessen Mitte eine große, weiße Perle aus diesem Bach angebracht war.

Am Bachufer ist ein Fuchs entlang geschnürt. Hier und da läuft die Hoppelspur eines Hasen durch die Wacholder und an einem Strauch-

haufen hat ein Wiesel seine Doppeltritte in den lockeren Schnee gedrückt. Auf der Spitze einer kleinen Fichte sitzt ein großer, grauer Raubwürger. Sein langer Schwanz und das turmfalkenähnliche Rütteln in der Luft machen ihn schon von weitem kenntlich, auch ist seine schwarz-graue Färbung so auffallend, daß er nicht übersehen werden kann. Nun fliegt er von seiner hohen Warte ab, senkt sich bis zum Boden hinab, streicht eine Strecke den Bach entlang und steilt dann plötzlich wieder hoch, um erneut einen Beobachtungsposten auf der Spitze eines Wacholderstrauches einzunehmen.

So bin ich bis zum Rand des großen Moores gekommen, das sich bis an den Hauptforst hinzieht und an den Heuschlägen mit Birken, Weidengestrüpp, Krüppelkiefern und Schilfrohr bestanden ist. Schon aus weiterer Entfernung sehe ich mehrere breite, tiefe Furchen den Schnee durchpflügen und erkenne bald die Fährten von drei Elchen, die aus dem Espenhochwald kommen, in die Weiden am Moorrande gezogen sind. Vorsichtig folge ich den Fährten, die Elche sind vertraut hin und her getreten, haben hier an den Weiden geschält und dort die Wacholder verbissen. Vielleicht gelingt es mir sie zu Gesicht zu bekommen, denn der weiche Schnee erlaubt ein geräuschloses Pirschen.

Und wirklich, da stehen sie, groß, schwarz und zottig, Urweltriesen aus ferner Zeit. Ein Alttier mit Kalb und ein schwacher Spießer. Zu einem sicheren Schuß reicht die Entfernung, denn kaum 70 Schritt trennen uns. Die Versuchung ist groß dem Hirsch eine Kugel anzutragen. Aber ich bezwinge mich, an dem mickrigen Geweih liegt mir nichts und eine so mühelose Erbeutung reizt mich auch nicht. Mit dem Glase betrachte ich lange die vertrauten Elche. Das Alttier ist das stärkste Stück, sicher auch die Mutter des Spießers, deren Führung er sich für den Winter angeschlossen hat.

Vorsichtig ziehe ich mich zurück, benutze die Wacholderbüsche und Jungfichten als Deckung und es gelingt mir, mich unbemerkt zu entfernen. Am Moorrande gehe ich bis zum breiten Vorflutgraben, überquere ihn auf einigen dünnen Rundhölzern, die glatt und schneenaß dem Fuß kaum Halt gewähren. Dann schlendere ich den Hügel hinauf und biege in die breite Schneise ein, die quer durch das Wäldchen bis zum Kirchhof führt. Überall sind Hasen umhergehoppelt, die von der Äsung im Felde kommend, den Wald als Lagerstatt für den Tag aufgesucht haben. Als ich durch das Fichtenstangenholz an die ›Rehwiese‹ komme, an deren Rand Weißerlen und Eschenschößlinge stehen, purren zwei Haselhühner vor mir hoch, überqueren die schmale Wiese und fallen jenseits in den Fichten wieder ein. Merkwürdig, hier ist immer nur dies eine Paar zu finden, obwohl jeden Sommer ein starkes Gesperre hochkommt. Die Kette hält dann bis zum Spätherbst zusammen. Aber bereits im Frühwinter verschwinden die Junghühner und nur das alte Paar bleibt wieder an seinem alten Standort. Die Fichtenschonung unterhalb des ›Nußberges‹ ist im Schnee fast versunken. Nur die Wipfeltriebe der Pflanzen ragen aus dem Weiß hervor und jeder von ihnen trägt eine dicke Schneehaube. Als ich auf dem Holzabfuhrwege bis fast an die Landstraße gekommen bin, höre ich plötzlich das charakteristische Warngeschrei einer Krähe, die mit kurzem krr-krr-krr einen Raubvogel anzeigt. Schnell nehme ich den Drilling von der Schulter und drücke mich unter eine tiefbeastete Fichte, die mir aber genügend Ausblick auf alle Seiten erlaubt. Wieder ertönt das Warngeschrei, jetzt schon von mehreren Krähen, die, wie ich sehe, eine Baumgruppe umkreisen. Immer wieder stoßen sie schräg bis in Wipfelhöhe hinunter, um dann schleunigst wieder kerzengerade aufzusteilen und so an Höhe zu gewinnen. Da ist sicher ein Hühnerhabicht, der in einer der dichten Fichten aufgeblockt ist. Denn vor einem Waldkauz oder einer anderen nordischen Eule würde das schwarze Gelichter kaum so viel Respekt haben und viel dreister in die Baumkronen eindringen.

Fast unsichtbar löst sich plötzlich ein grauer Schatten aus dem Geäst und mit hastigen Flügelschlägen streicht ein starker Habicht flach über den Boden in grader Richtung auf mich zu. Das Krähengeschrei verdoppelt sich, wütend hassen die Schwarzen ihrem Erbfeind nach. Als der Habicht am Waldrande hochsteigt trete ich rasch einen Schritt vor, der Drilling fliegt an die Backe und im Schuß wirbelt der große Raubvogel mit schlaff hängenden Schwingen in den tiefen Schnee.

›Käte‹ will ihn zu gerne apportieren, aber das erlaube ich ihr nicht. Wie leicht kann der Habicht sie noch mit letzter Kraft am Kopf oder Augen schwer verletzen. So hebe ich den toten Vogel selbst auf. Es ist ein altes, starkes Weibchen, mit herrlich quergebändertem Brustgefieder und stahlgrauer Rückenfärbung. Die gelben Seher zeigen noch im Tode den scharfen Blick, und die wehrhaften Fänge, mit den spitzen Dolchkrallen, sind krampfartig zur Faust zusammengeballt. Eigentlich tut es mir leid den herrlichen Vogel geschossen zu haben, denn auch er hat ein Recht zu leben. Daß ihn die Natur zum Rauben und Schlagen ausgestattet hat, ist nicht seine Schuld, denn er handelt so, wie es ihn die Schöpfung tun heißt. Aber in ein Fasanenrevier gehört er nicht, er richtet dort zu viel Schaden an, zumal er dann den ganzen Winter über dort bleibt und seine Reise nach Süden aufgibt. Und auch die Rebhuhnketten und Birkhühner zehntet er in dieser Hungerzeit empfindlich. Ich nehme den schönen Vogel mit, vielleicht stopfe ich ihn mir aus oder male ihn.

Auf der großen Landstraße angekommen, schlendere ich langsam nach Hause. Wie herrlich war dieser Wintertag im Walde, beim ersten Schnee.

Lappjagd auf Füchse

Wer von uns Jägern würde, sei es im Revier oder auf der Strecke, den Fuchs missen wollen – Reineke, den roten Freibeuter!

»Was beim Tanz die Braut, ist auf der Jagd der Fuchs«, sagte man bei uns im Osten. Wie erregend ist es, wenn im geschlossenen Kessel eines großen Feldtreibens plötzlich der Ruf erschallt: »Fuchs im Kessel!« Und wie erwartungsvoll schielt man über die Läufe des schon angebackten Gewehres, wenn im Waldtreiben der Fuchs auf altgewohntem Paß angeschnürt kommt.

Heutzutage hat es Reineke schlecht. Sein Balg gilt nichts mehr und als Hauptverbreiter der Tollwut wird ihm mit allen Mitteln nachgestellt, ob im Sommer oder Winter.

Im Osten, in meiner alten Heimat im Baltikum, war der Fuchs um vieles seltener als in Deutschland. Lagen bei Waldtreiben im Spätherbst oder Frühwinter drei oder vier Füchse neben zwei Dutzend Hasen, einigen Birk- und Haselhühnern und noch anderem Flugwild auf der Strecke – zu der sich, hin und wieder, auch noch ein Elchhirsch gesellte –, so konnte man von einer reichen Gesamt- und einer großen Fuchsstrecke sprechen. Den Fang von Füchsen im Tellereisen oder Schwanenhals kannte man bei uns nicht. Der Fuchs wurde nur vor Bracken auf Waldtreiben oder bei Lappjagden im Winter geschossen. Ich erinnere mich, wie ich zum ersten Mal in Deutschland einen im Schwanenhals hängenden verendeten Fuchs sah und wie ich dabei zutiefst empört und angewidert war. Wie eine Ratte hing der prächtige Reineke zwischen den Bügeln, zerzaust, naß, schmutzig, mit halbgeöffnetem Fang, aus dem noch wäßriger Schweiß rann. Zweimal sind mir in Deutschland Tellereisen-Füchse angelaufen. Der eine kam auf drei Läufen, während der andere noch das Tellereisen mit einem Stück zerrissener Kette am Vorderlauf mitschleppte – kein schöner Anblick! Wegen der hohen Balgpreise stellten Jäger und Förster dem Fuchs leidenschaftlich nach, brachte ein guter Winterbalg damals doch ein ansehnliches Stück Geld ein. Wie aber sah so ein Tellereisenfuchs aus, der vom Eisen gehalten, durch Hiebe auf Nasenrücken oder Kehle totgeknüppelt wurde. Ein herrliches Wild, dem wahrlich ein ehrenvolleres Ende zu wünschen war.

Was bot so ein voll ausgefärbter, östlicher Winterfuchs für ein wunderbares Bild: der silbergraue Bauch, die weiße Kehle, die tiefschwarzen Läufe und Gehöre und über dem Rücken ein violettrötlicher Silberhauch. Die langen Grannenhaare an Nacken und Halsseiten umstrahlten den Kopf wie ein Heiligenschein – ein einmaliges Bild im verschneiten Winterwalde!

Es hat in meinem Jägerleben ziemlich lange gedauert, bis ich den ersten Fuchs schoß. Hasen, Birkhühner, sogar zwei Böcke und einen Auerhahn hatte ich schon in mein Schußbuch eintragen können, bevor ein Fuchs in der Rubrik ›Raubwild‹ seinen Platz fand. Auch vor Bracken schoß ich meinen ersten Fuchs erst, nachdem ich auf Treibjagden und insbesondere bei winterlichen Lappjagden schon eine ganze Anzahl Füchse geschossen hatte.

Ich war wieder einmal bei meinem lieben Onkel Hamilkar zur Jagd, wo ausschließlich mit der Meute auf Hase und Fuchs gejagt wurde. Der gute Onkel war leidenschaftlicher Anhänger der ›lauten Jagd‹ und hatte das einmalige Kunststück fertiggebracht seine Meute von sechs Koppeln, also zwölf Hunden, völlig rehrein zu erziehen, wodurch er mit diesen Hunden, trotz starkem Rehbestand, überall jagen konnte. Gleich nachdem die Meute losgekoppelt war, jagten die Hunde an, und der alte ›Piqueur‹ Jahn blies das erregende Signal ›Fuchs hoch‹. Der Onkel schickte mich auf eine Waldschneise, an der ich einen todsicheren Fuchspaß besetzen sollte. Zur Orientierung bedeutete er mir, daß der Paß an zwei alten, den Bestand weit überragenden Fichten vorbeiführe. Als ich die Schneise entlanglief, mußte ich aber feststellen, daß nicht nur zwei, sondern mindestens fünf solcher Fichten an der Schneise standen. Wo war der Fuchspaß? Auf gut Glück, vielleicht aber auch mit einem Körnchen angeborenem Jägerinstinkt, stellte ich mich neben zwei Fichten an. Das Hundegeläut oder ›die Scrauja‹, wie wir dort die laute Jagd nannten, war deutlich in der Ferne zu hören. Der Fuchs kreiste in der Dickung umher und versuchte, die verfolgenden Hunde abzuschütteln. Als ihm das nicht gelang, nahm er, wie zumeist, einen Fernpaß an, der ihn dann, nach kurzer Zeit, zu mir führte. Es war ein einmaliges Bild, den starken Rüden in kurzem Galopp, hin und wieder sichernd stehen bleibend, anlaufen zu sehen. Auf kurze Entfernung sackte der Fuchs in meinem Schuß zusammen und ich konnte ihn gerade noch durch Hochheben an den Hinterläufen vor der heranstürmenden Meute retten. Durch das Signal ›Fuchs tot‹ verständigte ich die anderen Jäger

A. v. Fersen
67

vom glücklichen Erfolg – das Plesshorn trug jeder Brackenjäger an der Seite und das Blasenkönnen aller nötigen Signale war selbstverständliche Ehrensache!

In Niederwild-Revieren, insbesondere in solchen mit Fasanen, muß der Fuchs natürlich kurzgehalten werden. Es ist kaum zu glauben, wie sehr Fasanen den Fuchs anziehen. Meinen Beobachtungen nach, jedenfalls bei uns im Osten, kamen die Winterverluste an Fasanen annähernd nur zu einem Drittel auf Rechnung der Füchse. Die übrigen zwei Drittel wurden fast ausschließlich von Habichten geschlagen. Der Fasan baumt zur Nachtruhe stets auf und äugt tagsüber am Boden besonders gut. Der Fuchs kann ihm daher kaum viel anhaben, während ihm der Habicht zu leicht an Fütterungen, Lichtungen und Waldrändern auflauern kann und den einmal gejagten Fasan fast immer schlägt.

Ich habe in meinem Revier, außer einigen wenigen Hundejagden mit einer rehreinen Bracke, den Fuchs ausschließlich beim Einkreisen und Einlappen geschossen und damit hervorragende Erfolge erzielt. Diese Jagdart war im Osten natürlich sehr viel leichter möglich, da im Winter immer wieder Neuschnee fiel, der ein sicheres Abspüren und Einkreisen möglich machte. Hatte ich zwei oder drei Füchse in meiner ›Fasanerie‹ (freie Wildbahn, ohne künstliche Aufzucht) geschossen, so stellten sich in einigen Tagen sicher erneut einige Füchse ein. Auf diese Weise ist es mir gelungen, in einem Winter 16 Füchse in der Lappstatt zu erlegen, ungerechnet vier oder fünf weiterer, die durch das Forstpersonal geschossen wurden, wenn ich einmal verhindert war.

Im Gegensatz zu den allgemeinen üblichen ›Lappen‹, Schnüren mit roten Läppchen, benutzte ich ausschließlich einzelne, an halbmeterlangen Stöckchen befestigte rote Fähnchen. Sie wurden einzeln im Schnee, je nach Bedarf enger oder weiter von einander eingesteckt, so daß man von Bäumen oder Sträuchern zum Anhängen und Befestigen nicht abhängig war. So konnte man die Lappstatt oftmals um Beträchtliches verengen, indem man über Lichtungen, Wiesen oder breite Schneisen abschneiden konnte. Das Einstecken der Fähnchen ging auch bedeutend rascher als das Anhängen einer Schnur und auch das spätere Einsammeln war viel bequemer, da man die Fähnchen, zusammengerollt, in ein an der Seite hängendes Tragtuch legen konnte.

Neben dem Wolf hält kein anderes Wild die Lappen so gut wie der Fuchs. Der ›graue Hase‹ geht meist nach kurzem Stutzen durch, während der im Osten noch häufige Schneehase sich erst nach einigen vergeblichen Versuchen zum Durchbruch entschließt. Elche respektieren Lappen kaum – mit souveräner Gleichgültigkeit überfallen sie in förderndem Troll die Lappen. Auch der Luchs, den ich in Rußland mehrfach in der Lappstatt gesehen und auch geschossen habe, schlägt wohl ein- oder zweimal zurück, bricht aber dann mit langer Flucht doch durch. Mir ist es einmal sogar gelungen, einen am späten Nachmittag eingelappten Fuchs, der mich als einzigen Schützen, am kurzen Wintertag in einer großen Dickung nicht mehr anlief, die ganze Nacht über in der Lappstatt zu halten. Allerdings war Vollmond. Der Fuchs war die ganze helle Nacht hindurch hin- und hergeflüchtet, jedesmal aber vor den Lappen zurückgeschlagen. Am nächsten Morgen, bei erneutem Durchdrücken, lief er mich dann an und wurde geschossen.

Ende Januar, wohl schon zu beginnender Rollzeit, hatte ich einmal zwei Füchse in der Lappstatt. Ich stand allein vor, wie immer bemüht, auf einem »Wechsel« zu stehen. Man lernt bei dieser Jagdart die Fuchspässe bald kennen, die immer auch von »fremden« Füchsen sicher eingehalten werden. Dadurch wird der Ablauf des Treibens stark abgekürzt, die Füchse kommen meist vertraut angeschnürt, ohne schon durch die Lappen kopflos geworden zu sein. Beide Füchse, die mein Kutscher als einziger Treiber mir zudrückte, liefen mich auf dem alten Paß vertraut hintereinander an, so daß mir eine Dublette auf sie gelang.

Bei jeder Neuen mußte das Forstpersonal abspüren, den Fuchs womöglich einkreisen und mich sofort benachrichtigen. Ich fuhr dann mit den roten Fähnchen hin und es war ein leichtes, zu dreien, das heißt der Förster, mein Kutscher und ich selbst, den bereits eingekreisten Fuchs einzulappen. Ich stellte mich dann als Schütze vor, während der Förster und Kutscher die Lappstatt durchdrückten.

In einer Frühwinternacht, Anfang Dezember, war eine Neue gefallen. Es hatte bis nach Mitternacht stark geschneit, so daß die späteren Nachtspuren deutlich zu sehen waren und ein Abspüren und Einkreisen sehr einfach war. Mein Bruder war zufällig bei mir und als die Nachricht kam, daß ein Fuchs eingekreist sei, fuhren wir hin und lappten ihn ein. Der Fuchs steckte in einer fast ein ganzes Jagen großen Kieferndickung, die, da Wege und Blößen fehlten, als Lappstatt nicht verkleinert werden konnte. Ich stellte meinen Bruder auf einen bekannten Fuchspaß, da ich ihn gerne zu Schuß bringen wollte und blieb selbst an der Kreuzung zweier breiter Jagen-Schneisen stehen. Kutscher und Förster sollten, nach der Uhr, zu treiben beginnen, so daß kein Signal gegeben wurde und wir Schützen gleich nach dem Anstellen den anschnürenden Fuchs erwarten konnten. In der schneeverhangenen Dickung erstarb jeder Laut, so daß man sich vor Überraschungen hüten mußte. Nach geraumer Zeit hörte ich den dumpfen Knall eines Schusses aus der Richtung, wo mein Bruder stand. Da bei solchen eingelappten Jagden ein Hornsignal nicht üblich war, wußte ich natürlich nicht, ob mein Bruder Waidmannsheil gehabt hatte. Ich blieb daher noch stehen, um den vielleicht gefehlten Fuchs bei einem Ausbruchsversuch doch noch zu erwischen.

Ich konnte die breite Schneise an der linken Flanke weit hinunter übersehen. Plötzlich sah ich, wie von den Randkiefern der lockere Schnee stäubend zu Boden fiel und ein Elchtier sich, mit hocherhobenem Windfang, vorsichtig auf die Schneise schob. Ich führte einen Drilling und stellte schleunigst auf Kugel und erwartete schußbereit, was sich weiter abspielen würde. Das Elchtier trat langsam bis auf die Mitte der Schneise, blieb dann stehen und äugte zurück. Gleich darauf schob sich ein Kalb heraus, das zur Mutter trat, worauf beide in kurzem Troll in das anstoßende Stangenholz wechselten, wo sie verschwanden. Einen Moment darauf erschien aus der Dickung ein Elchhirsch. Ich sah sofort, daß es sich um einen jungen Spießer handelte, den ich natürlich nicht erlegen wollte. Hinter ihm erschien aber ein zweiter Hirsch. Der breithängende Bart und die ganze gedrungene Figur deuteten auf einen alten Hirsch, obwohl er auf dem Kopf nur kurze, stumpfe Sechser-Stangen trug. So konnte ich ihm in aller Ruhe die Kugel antragen. Elche zeichnen im Schuß fast kaum, doch war ich sicher, daß meine Kugel am Halsansatz sitzen mußte. Beide Hirsche trollten in scharfer Gangart ab und verschwanden in den Stangen. Es dauerte nicht lange, da kam der Förster aus der verschneiten Dickung heraus und meldete mir, daß mein Bruder den Fuchs geschossen habe, fragte aber auch sofort, worauf ich mit der Kugel geschossen habe. Ich berichtete ihm mein Erlebnis, worauf wir zu dem Anschuß mit blasigem, hellen Schweiß gingen. Nach etwa 100 Metern Folge standen wir bereits am verendeten Hirsch, der in seiner Fährte zusammengebrochen war.

Der Förster sagte mir, daß er beim Kreisen und Abspüren keinerlei Elchfährten gefunden habe und auch beim Einlappen waren wir nicht auf solche gestoßen. Elchwild steht im Winter, besonders bei häufigem Schneefall, gerne in Kiefernschonungen, wo es durch Verbeißen der Jungkiefern genügend Äsung findet, ohne sich viel zu bewegen. So hatte das Elchrudel sicher schon einige Tage in der späteren Lappstatt gestanden und war, von uns unbemerkt und unbewußt, mit eingelappt worden. Da, wie schon gesagt, Elchwild Lappen kaum beachtet, war das Rudel langsam und vertraut aus der Dickung gezogen und mir so vor die Büchse gekommen.

Gerade die Lappjagd ist eine der interessantesten und zugleich aufregendsten Jagdarten auf den Fuchs, durch die man Reineke, in Verbindung mit anderen Jagdmethoden, auf jeden Fall so kurzhalten kann, daß der Fang mit Eisen und das teuflische Vergasen wegfallen könnten. Allerdings ist häufiger Schneefall Vorbedingung, aber das ist hier im Westen leider nur selten der Fall.